Why 블록체인?

이 책은 4차 산업 혁명의 변화를 이끌어가는 원동력 중 하나인 블록체인에 대해 비전공자는 물론이고 컴퓨터나 이과적 지식이 부족한 사람들에게 그림과 예시를 통해 쉽고 친절하게 설명하는 것을 목표로 삼고 있습니다.

저 역시, 비전공자고 컴퓨터에 익숙하지 않은 여성으로서 어렵게 배우고, 익힌 것들을 함께 나누어 보려고 합니다.

박 경희 (경영학박사)

경험이 풍부한 사업가, 컨설턴트, 멘토, 교육자이다.
창업자의 새로운 아이디어를 비즈니스 모델로 구체화하여 실행까지 돕는다.
현재, 블록체인 고객 니즈를 찾아서 혁신적인 비즈니스 모델을 만들고 있다.

블록체인 비즈니스 블루오션,
이더리움 퍼블릭 블록체인,
하이퍼레저 패브릭블록체인 앱 개발과정
하이퍼레저 프라이빗 블록체인

50분 블록체인
비전공자를 위한 그림책

50분 블록체인
비전공자를 위한 그림책

CLASS#1
00:00-00:10
블록체인의 실체와 역사

CLASS#2
00:10-00:20
블록체인 기술과 경제

CLASS#3
00:20-00:30
블록체인과 암호화폐

CLASS#4
00:30-00:40
블록체인의 현재와 미래

CLASS#5
00:40-00:50
주식투자 VS 암호화폐 투자

부록
우리가 무엇을 준비해야 원하는 삶을 살 수 있을까?
비즈니스 모델 사례

Why 블록체인?

함께
배워요

블록체인!
저에게
맡겨주세요~

A.I
PiPPi
(삐삐)

TEACHER

엄마
설리

A.I 선생님!
잘 부탁드려요~

딸
라라

아들
빅

STUDENT

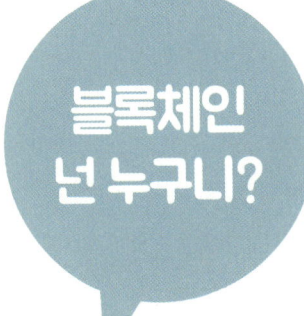

00:00-00:10
CLASS #1
블록체인의 실체와 역사

////////////////////////////////////

블록체인이 뭔가요?

TOPIC
새로운 컴퓨터 프로그래밍 기술

WORDS
블록, 블록체인, 분산화, P2P,
트랜잭션, 디지털 가상화폐, 채굴, 코인

CLASS#1 / 블록체인의 실체와 역사

블록체인? 넌 누구니?

내 모습을 보면, 쉽게 이해가 갈 거야.
사람들이 컴퓨터에서 정보를 저장하고 보내고 하는 일을 하는데

나는 **데이터를 담은 블록을 만들고**
이렇게 새로 만들어진 **블록을 기존의 블록들과 연결하는**
기능을 하는 컴퓨터 프로그램이야.

블록이 뭔데, 어떻게 생겼어?

BLOCK

블록체인에서
블록이란 데이터를 저장하는 단위를 말해.

블록도 우리 몸처럼 바디(body)와 헤더(header)가 있는데,
거래내용은 바디에 암호코드는 헤더에 저장돼.

비트코인의 경우 블록이 생성되는데 약 10분이 필요한데,
블록을 생성하기 위해서는 거래기록을 모두 모아야 하고,
신뢰성도 검증해야 해.

CLASS#1 / 블록체인의 실체와 역사

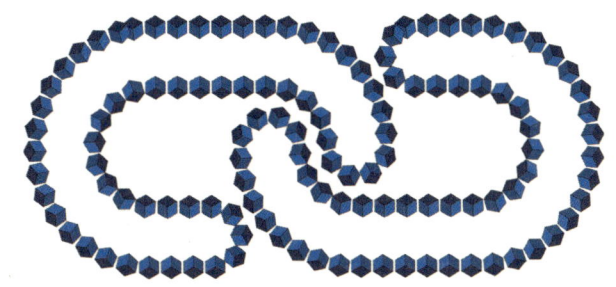

이런 과정을 마친 후에
이전에 생성된 블록과 연결하면 블록이 체인처럼 연결되니까
블록체인이 되는 거야.

그리고 우리는 가장 먼저 만들어진,
그 앞에는 아무것도 없는 블록을 제네시스 블록이라고 불러.
처음으로 만들어졌으니까.

그럼 블록마다 나누어서 저장한다는 **데이터 분산저장**이야?

비슷해.
기록이 담긴 장부를 블록체인 네트워크에
참여하는 사람들이 복사해서 나누어 가지고,
다 같이 그 장부를 검사, 검증하기 때문에
분산원장기술이라고 해.

CLASS#1 / 블록체인의 실체와 역사

블록 안에 들어있는
모든 거래정보(데이터 트랜잭션)를 해시(Hash)라고 부르는데,

사람마다 다 지문이 다른 것처럼
모든 블록의 해시는 모두 다 달라,
사람들이 자신의 신원을 증명할 때
지문을 사용하는 경우가 많은데,
해시도 데이터의 지문(핑거프린트) 같은 거로 생각하면 쉬워.

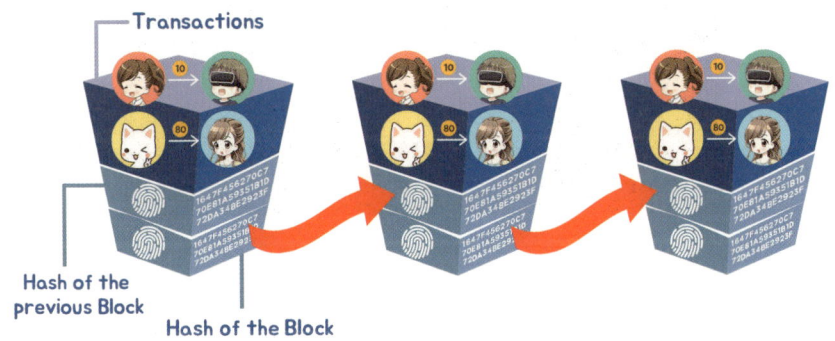

해시는 다른 것들과 확실히 구분하게 해주는
데이터의 지문이라고 볼 수 있지.

사람들이 **블록체인과 비트코인이 같은 거**라고 하던데?

정확히 똑같지는 않아.

하지만, **비트코인은 블록체인 기술을 이용해서 만들어진 것**이라서 블록체인과 비트코인을 분리해서 생각할 수는 없지.

CLASS#1 / 블록체인의 실체와 역사

블록체인은
데이터가 담긴 블록을 여러 사람들이
체인으로 연결하여 공유하는 것이라고 했잖아.
그러면 블록체인이 비트코인은 아닌 것 같은데
비트코인은 어떻게 만들어지는 거지?

비트코인은
블록체인 기술을 활용해서 만들어진 암호화폐야.
일반적인 화폐처럼 누가 만들어서 배포하는 것이 아니라,
블록체인 네트워크에 참여하는 사람들이 암호를 찾으면
그 보상으로 비트코인을 주지.

이 암호를 찾는 과정을 '채굴' 이라고 하는데, 들어봤지?

응, 나도 비트코인 채굴하고 싶어.
초등학생도 할 수 있어?

물론이지.
나이에 상관없이 비트코인 채굴은 누구나 할 수 있어.
하지만 컴퓨터나 프로그램에 관한 지식이 필요해.

초창기에는 노트북으로도 비트코인 채굴을 했지만,
채굴을 하면 할수록 보상을 얻기 위한 암호풀이가 점점 어려워져.

그래서 지금은 개인이 노트북이나 컴퓨터로는
몇십년이 걸려도 풀기가 어렵지.
게다가 채굴에 필요한 전기세나 전문 장비를 구입하는 데에
돈이 너무 많이 필요해서 초등학생이 할 수 있는 일은 아니야.

CLASS#1 / 블록체인의 실체와 역사

그럼 왜, 어떻게 채굴하는 거야?

사실, 비트코인은
채굴자들이 블록체인 네트워크를 유지해 주는 것에 대한 보상이야.
블록체인은 따로 관리하는 중앙시스템이 없어.
국가나 은행처럼 신뢰를 보장해주는 제3의 중재자 없이
완전히 개인들끼리 운영되는 새로운 전자화폐 시스템이야.

만약, 채굴자들이 블록체인에 있는 거래 장부를
보관, 관리, 검증해주는 일을 하지 않으면
블록체인 네트워크는 더 이상 작동하지 않아.

언제까지, 얼마나 채굴할 수 있어?

2009년 시작 이후
처음에는 10분마다 50개의 비트코인이 생성되었는데,
4년마다 절반으로 줄어들고 2140년에는
2100만개로 생성이 끝난다고 추측되고 있어.

지금은 암호를 풀면 12.5개 비트코인을 주는데
2020년 7월이면 암호를 풀어도
6.25개 비트코인이 채굴되어서 반으로 준다고 해.

CLASS#1 / 블록체인의 실체와 역사

비트코인이 몇 개나 채굴되었어?

지금은 채굴자들이 블록체인 시스템을 유지시켜주고,
그 보상으로 비트코인을 받는 거지만,

비트코인이 나온 지 거의 10년이 되었고 이제 전 세계
수많은 컴퓨터가 비트코인 네트워크를 유지하고 있는데,
갈수록 채굴하기 위한 암호를 풀기가 어려워져서
요즘은 많은 사람이 힘을 모아 채굴하고,
채굴되는 비트코인을 나누어 가져.

관리하는 사람 없이 정해진 프로토콜에 따라
2140년까지 2,100만 개의 코인이 만들어진다고 해.

암호화폐도 돈처럼 생겼어?
비트코인은 어떻게 생겼어?

비트코인은 동전이나 지폐처럼 만져 볼 수는 없어.
그저 블록체인 네트워크상에서 데이터로만 존재해.
하지만 눈에 보이지 않고 국가에서 발행한 것도 아니고
은행에서 보증을 해주진 않아도,

현재 개인과 개인이 안전하게 신뢰하고 주고받을 수 있는
전자화폐로 사용되고 있어.

CLASS#1 / 블록체인의 실체와 역사

데이터라면, 한 개를
여러 명이 똑같이 복사해서 써도 되는데,
비트코인은 어떻게 이중 지불을 못하게 막아?

상품권, 게임머니, 지역 디지털화폐 같은 것들은 이중 지불을 막으려고,
유통한 회사나 은행에서 장부를 만들어서 관리하고, 검증했는데,

비트코인은 중앙통제기관이나 감시자가 따로 있지 않지만,
컴퓨터 프로그램을 활용하여 거래장부를 블록체인시스템 참여자 전체가
공유하고, 분산저장해서 이중지불을 감시할 수 있어.

비트코인이 게임머니나 포인트처럼 가상화폐라면 채굴 하지 않는 사람은 어떻게 구해?

특정한 회사나 서비스 제공자가 발행하는 게임머니나 포인트하고는 조금 다른데, 비트코인은 오직 블록체인 상에서 채굴로만 생성되기 때문에 블록체인 기술의 열매라고도 해.

이렇게 채굴한 비트코인을
거래소 같은 곳에서 사람들이 사고팔 수 있어.
아니면 블록체인을 받는 매장에서 돈처럼 사용할 수도 있지.

CLASS#1 / 블록체인의 실체와 역사

블록체인과 비트코인은 누가 만들었어?

사진출처 : TIME

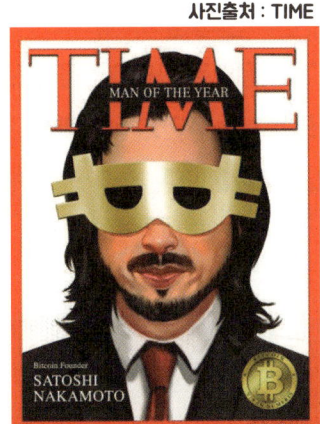

**2009년 1월 3일
사토시 나카모토(Satoshi Nakamoto)가 비트코인을 발표했어.**
사토시 나카모토는 2008년 9월 15일
미국 최대의 투자은행인 리먼 브라더스의 파산에 의해
금융위기가 온 것에서 영향을 받았다고 해.

**사토시 나카모토는 어떻게 하면
국가나 은행 같은 제 3자의 보증 없이도
안심하고 돈을 주고 받을 수 있는 컴퓨터 네트워크상에서
신뢰 시스템을 개발 할 수 있을까 고민하다가 개발했다고 해.**

사토시 나카모토라는 사람이
혼자서 블록체인을 만들고,
자기 맘대로 비트코인을
돈으로 사용하게 만들었어?

사토시 나카모토가 처음으로 비트코인을 만든 것은 사실이야.
실제로 사토시 나카모토가 누구인지 아직까지도 확인되지 않았어,
한 명인지 아니면 여러 사람이 만든 연구 단체가 사용한 이름인지도
확실하지 않아.

사토시 나카모토가 비트코인 창시자이긴 하지만
하버(Stuart Haber)와 스토르네타(W. Scott Stornetta)의 연구와
과거에 시도된 다양한 전자화폐의 사례를 연구해서
블록체인 개념을 디지털화폐에 적용하는데 성공했다고 해.

CLASS#1 / 블록체인의 실체와 역사

비트코인을 처음에 어떤 사람들이 주고 받았어?

비트코인이 거래되기 시작했지만 처음 몇 년간은 크게 주목받지 못했어. 2009년 10월 첫 환율 공시 1달러 당 0.00076BTC(비트코인)로 발표하면서 보급이 되었다고 해.

BITCOIN PIZZA DAY

하지만 실제로 처음으로 비트코인으로 피자 2판을 산 게 2010년 5월 22일이야. 미국 플로리다에 사는 라스즐로 핸예츠(Laszlo Hanyecz)라는 프로그래머가 산 것으로 비트코인이 실제로 생활에서 돈처럼 쓰인 예야.

CLASS#1
블록체인의 실체와 역사

00:10-00:20

CLASS #2
블록체인과 암호화폐

블록체인과
비트코인의 관계는?

TOPIC
블록체인 기술로 만든 암호화폐, 비트코인

WORDS
비트코인, 스마트 컨트랙트, 디지털 통화, 트랜잭션, 빅데이터

CLASS#2 / 블록체인과 암호화폐

그럼 누구나 가상화폐를 만들어서,
미리 많이 채굴하면 부자가 되겠네?

블록체인과 가상화폐는
기술만 있다면 누구나 만들 수 있고,
비트코인과 유사한 코인도 만들 수 있지만

그렇게 만든 코인을
실제 화폐와 같이 사용하려면
그 코인의 기능과 가치를 많은 사람들에게 인정 받아야 해.
그래서 아무나 자기 맘대로 만든 코인을
돈으로 사용할 수는 없지.

스마트폰으로도 비트코인을 지불할 수 있다면서,
왜 아직도 많은 사람들이 비트코인을 쉽게 사용하지 못해?

그건 지금 우리가 쓰고 있는 돈,
현금이 어떤 가치를 나타내는 척도가 되어야 하기 때문이야.
가치의 척도가 되려면 가격이 안정적이어야 하니까.
그 척도가 과거 물물교환 시대의 화폐는 조개 같은 것이었고,
다음에는 금과 은이었다가 지금은 국가나 은행이 지불보증을 하는
종이 화폐가 널리 사용되었잖아.
그리고 지금은 신용카드, 교통카드 같은 현금통화와 같은 가치를 가진
전자화폐가 온,오프라인에서 다 사용되고 있지.

비트코인은 디지털 암호로 되어있으니까
사용이 어렵게 느껴지고, 돈으로 느껴지지 않을 수 있어.
또한 비트코인 사용은 인터넷 네트워크가
어디서나 가능한 곳이어야 한다는 한계가 있지.
그래서 모바일 앱서비스를 잘 이용할 수 있는 사람들이
쉽게 사용할 수 있고 앞으로는 앱이나 카카오톡처럼 누구나 쉽게
사용할 수 있게 디자인된 앱 서비스가 개발 될거라고 예상하고 있어.

CLASS#2 / 블록체인과 암호화폐

블록체인도 인터넷으로 하는 건데,
만약 인터넷이 없으면 비트코인도 못써?

걱정 마,
2017년 8월 15일 아담 백(Adam Back)이
지구상의 거의 모든 사람들이
인터넷 없이도 비트코인 블록체인에 접근할 수 있도록
인공위성을 띄우고 위성 블록체인(Blockchain Satellite)
서비스를 시작했어.

지금은 누구나 네트워크 제약 없이
비트코인 거래를 할 수 있어.

비트코인과 블록체인이 좋은 거라면
왜 모두 다 사용하지 않죠?

사토시 나카모토는 우리에게 신뢰할 만한 제3자,
즉 국가나 은행 없이도 완전히 개인끼리 운영되는
새로운 전자통화시스템인 비트코인으로
기존의 화폐를 대체하고 싶었겠지만,

아직은 모든 사람이 달러나 원화만큼
비트코인의 화폐가치를 믿지 않고 있어.
국가나 은행이 보증하는 현재 통화가 더 신뢰가 가지.
그리고 아직 많은 나라에서 암호 화폐가 법적으로 보증되지도 않고 있어.
기술적인 부분의 어려움 때문에 어떻게 비트코인이
가치를 가질 수 있는지 이해하지 못하는 사람도 많아.

CLASS#2 / 블록체인과 암호화폐

블록체인으로 만든 비트코인의 어떤 부분 때문에 미래 화폐라고 기대하는 거야?

블록체인의 가장 큰 장점은 기록된 데이터의 신뢰성을 보증하는 기술이라고 해. 또 다른 블록체인의 장점은 암호화폐가 네트워크상에서 개인들이 모두 분산된 원장을 가지고 있고, 서로 검증 과정을 거치니까, 정직하게 행동하도록 유도하는 신뢰의 자산이라고 할 수 있지.

블록체인 기술과 암호 화폐가 가진 자산적 장점을 잘 활용하면, 블록체인 네트워크상에 있는 모르는 사람들끼리도 서로 믿게 되고 협력할 수 있는 환경이 만들어져. 정부나 기업의 중재 없이도 개인과 개인이 연결되고, 개인들 간에 수수료도 지불할 필요가 없게 되지.

비트코인이 달러처럼 전 세계 네트워크에서 현금이나 신용카드처럼 화폐 역할을 하기 위해서는 모든 사람이 서로 동일한 가치로 거래한다는 신뢰가 형성되고, 전 세계 비트코인 거래가 다양한 네트워크상에서 서로 호환될 수 있게 협력해야 해. 그렇게 되면 비트코인이 미래에는 화폐로서 기능할 것이라고 많은 사람이 믿고 있어서 미래 화폐라고 부르고 있어.

디지털화폐, 가상화폐, 암호화폐
너무 헷갈리는데, 다 같은 뜻 아닌가?

디지털화폐는 디지털통화라고도 해,
카카오페이나 네이버페이처럼, 가치를 전자적으로 표시한
모든 화폐를 이렇게 불러

가상통화는 국가가 아닌 민간이 발행한
온라인쿠폰, 게임머니, 포인트, 마일리지 등이고,

우리가 **암호화폐**라고 부르는 것은
블록체인 기술을 이용해서 만들어진
암호화된 통화만을 말하는 거야.

CLASS#2 / 블록체인과 암호화폐

블록체인 암호화폐는
비트코인 만드는 딱 한가지만 있는 거야?

아니,
컴퓨터를 운영하기 위해서는
여러 가지 비슷한 프로그램이 있듯이,
블록체인도 여러 가지가 있어.

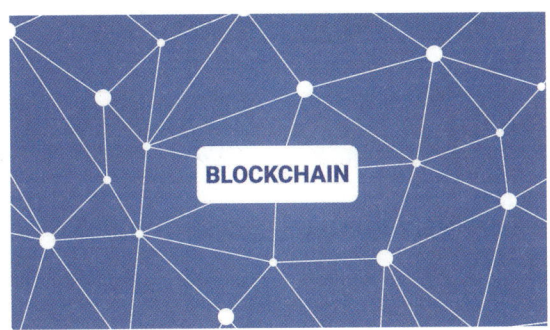

비트코인을 만드는 블록체인 말고도
이더리움, 리플 등과 같은
다른 코인을 만드는 블록체인들도 많이 있고,
코인을 만들지 않는 블록체인도 있어.

다른 코인을 만드는 블록체인이 있어?

비트코인이 세상에 등장한지 10년이 지났는데,
현재 코인마켓 기준 암호화폐 5167개가 넘는
암호화폐가 탄생했고, 지금도 계속 나오고 있어.

대표적으로 비트코인 말고
블록체인기반 운영체제를 목표로 하는
이더리움(Ethereum)은
비트코인의 가치 전달 기능에 스마트 컨트랙트(Smart Contract)
기능을 더한 가치 전송 프로토콜로 유명해.

CLASS#2 / 블록체인과 암호화폐

코인을 만들지 않는 블록체인은
다른 무슨 일을 해?

블록체인의 핵심기술은 암호화폐가 아니라
데이터의 무결성(데이터에 결함이 없음)이야.

국가나 지자체, 기업에서 블록체인 기술 중
정보의 분산저장기술이나 정보 보안,
위 변조 방어 기술 등을 이용해
프라이빗 블록체인 네트워크를 생성해서
비즈니스에 활용하고 있어.

비트코인을 실제로 돈처럼 사용하는 곳들이 전 세계에 많이 있어?

전 세계적으로 비트코인 가맹점이 145,347개고,
ATM 기계가 4,484개라고 하는데
소매 점포는 수십만 곳 이상에서 비트코인을 돈처럼 받고 있어.

CLASS#2 / 블록체인과 암호화폐

지금처럼 돈이나 신용카드를 쓰면 되는데,
왜 암호화폐를 써서 복잡하게 만들어?

만약 우리가 모르는 사람과
개인적으로 인터넷으로 주문하고, 결제하고,
계약서를 메일로 주고받는다고 생각해봐.
인터넷이 편리하기는 하지만 상대방을 쉽게 믿을 수는 없지.
거래가 잘못되어도 누구도 책임져 주지 않잖아.
신뢰가 보장되지 않는다는 거지.

그래서 우리는 G마켓이나 은행 같은 신뢰성 있는
제 3자를 통해서 거래를 하는데,
이런 기업들에게 우리는 수수료를 지불하잖아.

블록체인의 암호화폐가
이런 문제를 해결해 줄 수 있어?

우리는 데이터를 전송하는데
정말 저렴한 비용으로 전 세계 누구와도
실시간으로 주고받을 수 있는 네트워크가 있는데도,
서로 믿을 수 없어서, 비싼 수수료를 신용을 보장하는
중개인들에게 지불하고 있거든.

네이버, 카카오톡, 구글, 아마존, 페이스북 등등,
인터넷 기업들은 우리 개인들의 삶에 엄청난 영향력을 발휘하고,
엄청난 수익도 올리고 있어.

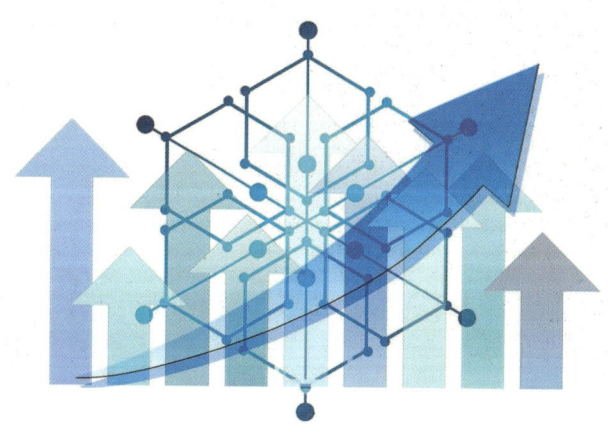

CLASS#2 / 블록체인과 암호화폐

그럼, 지금 우리가 쓰고 있는 것들을 다 블록체인으로 바꿔야 돼?

아니,
사실은 블록체인으로 바꿀 수 없는 부분이 더 많아.
블록체인은 아직 태어난 지 얼마 안 되어서
할 수 있는 일이 너무 적어.

아기가 걸음마를 처음 배우는 정도라고 생각하면 쉬워.

하지만 아기는 점점 잘 걷고, 나중에는 뛰기도 하고,
마라톤 선수가 될 수도 있지.

사실 블록체인 몰라도 불편한 건 없는데,
왜 사람들이 블록체인과
비트코인에 관심을 갖지?

유튜브 알지?
개인 방송, 방송국이 아닌
개인이 콘텐츠를 생산하고, 방송하잖아.

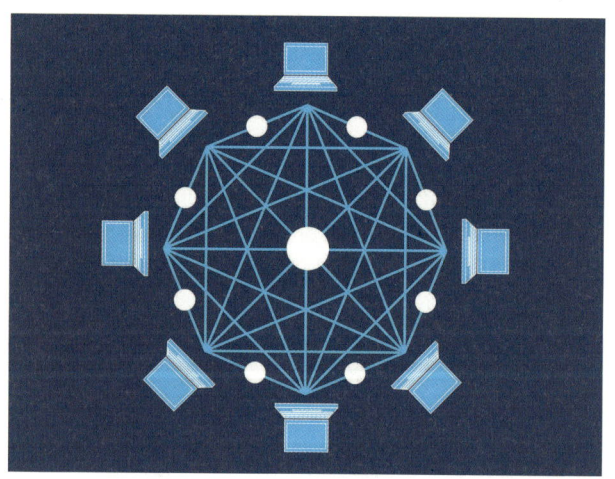

개인들이 만들어 내는 데이터를 공유하고 그 가치를 인정받고,
개인들이 국가와 대기업의 중앙집권적 시스템에서 벗어나서
개인의 권리를 찾을 수 있는 세상이 블록체인 기술로 가능해진다는
희망이 있어서야.

CLASS#2 / 블록체인과 암호화폐

블록체인과 **4차 산업혁명** 같은 말인가?

블록체인과 4차 산업혁명은 같은 말은 아니야.
4차 산업혁명은 데이터혁명 이라고 하는데,
블록체인은 4차 산업혁명과 결합해서
우리 실생활에 더 큰 영향력을 끼칠 수 있어.

예를 들어 블록체인이 사물인터넷(IOT)과 결합하고,
금융, 무역, 계약, 인증, 파일전송 등 데이터를 저장하고,
전송하는 데 가장 안전한 서비스를 블록체인이 할 수 있어.

4차산업은 **블록체인을 이용해서 데이터를 수집하여 가치를 부여하고 교환을 더 잘 할 수 있게 된다는 말**이야.

4차 산업혁명은 이미 완성되지 않았어?
여기에 **블록체인이 또 필요해?**

4차 산업혁명은 데이터 혁명인데
지금은 구글, 페이스북 등 큰 기업이 데이터를 독점하고 있어서
빅데이터나 IOT가 활성화되기가 어려워.

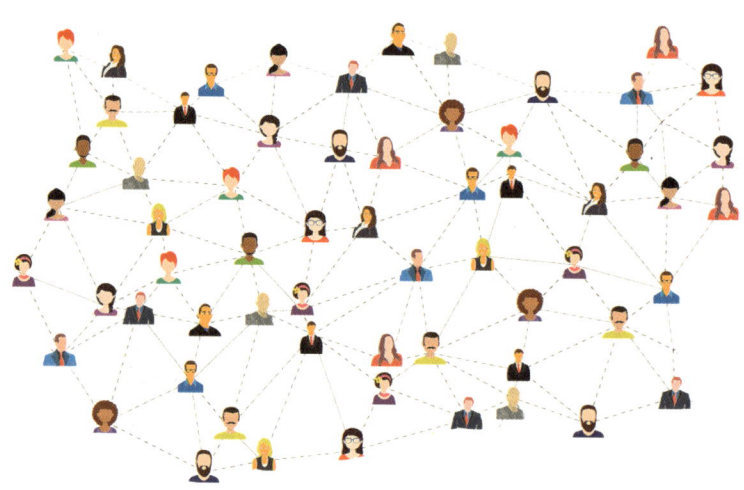

하지만 **블록체인 기술을 통해 개인,**
즉 컴퓨터 사용자인 피어(Peer)들이 만들어 내는 데이터를 공유하고
가치를 인정하면 개인의 이익과 권리를 찾을 수 있어서
4차 산업혁명에서 블록체인이 만들어 공유할 수 있는
데이터들의 역할을 기대하고 있어.

CLASS#2 / 블록체인과 암호화폐

빅데이터란 말이
4차 산업혁명이란 말이야?

서로 밀접하게 연관된 말인데, 일단 빅데이터부터 알려줄게.
2001년 ,Gartner에서 내린 정의에 따르면,
빅데이터는 전례 없이 빠른 속도로 쏟아져 나오는
다양한 종류의 데이터를 말하는 거야.

속도(Velocity), 크기(Volume),다양성 (Variety)을
3V라고 말해.

빅데이터는 새로운 데이터소스에서 수집된 것보다 복잡하고
거대한 데이터 세트라고 할 수 있어,
이러한 데이터 세트는 그 용량이 어마어마해서
기존의 데이터 프로세싱 소프트웨어로는 관리가 어려워.
그리고 요즘엔 가치(value) 와 정확성(Veracity) 까지
빅데이터의 정의에 포함시켜.

그럼 데이터만 많이 모으면
빅데이터가 되는 거야?

빅데이터가 데이터가 많은 것을 뜻하기는 하지만,
단순히 많은 게 아니라 의미 있는 데이터여야 한다는 거야.

모든 데이터가 데이터 고유의 가치를 가지고 있지만,
만약 우리가 그 데이터 속에서
필요한 가치를 발견하지 못하면 쓸모가 없어.

그리고 여기서 가장 중요한 것은
우리가 가지고 있는 데이터가
얼마나 진실하고 신뢰할 수 있는 가야.

CLASS#2 / 블록체인과 암호화폐

> 4차 산업혁명에서
> **빅데이터가 얼마나 중요**해?

우리는 지금까지
1차 기계혁명, 2차 에너지혁명, 3차 디지털혁명 이라는
산업혁명 시대를 지내고 있어.
이로 인해 정보화와 자동화가 이루어졌고,
**제 4차 산업혁명은 디지털 혁명을 기반으로
물리적 공간과 디지털 공간 그리고 생물학적 공간의
경계가 희석되는 기술융합의 시대**라고 보고 있어.

제 4차 산업혁명은 전 세계의 산업구조와
시장경제모델을 변화시킬 것이라고 해.
이런 변화의 가장 중심에 빅데이터와 블록체인이 있는 거야.

그럼 4차산업혁명에서
블록체인의 새로운 가치는 뭐야?

4차 산업혁명을 이끌 것으로 기대되는
블록체인 기술 중 하나로 스마트 컨트랙트라고 하는 것이 있어.
이 스마트 컨트랙트를 통해서
현재는 불가능한 비즈니스 모델을 실현 가능하게 만들 수 있지.

예를 들면 의료시장에서 소비자가 약을 선택해서 직접 처방을 받거나,
식당이나 호텔 예약을 할 때 중간 업자 없이 하는 것도 가능해질 거야.

CLASS#2 / 블록체인과 암호화폐

블록체인 배우면 성공해서 돈 많이 벌 수 있어?

블록체인 관련 일자리는
블록체인 분석가, 프로젝트 관리자,
아키텍처 관리자, 블록체인 개발자 등
현재는 블록체인 개발과 관리 인력에 대한 수요가
계속 늘어날 것으로 보고 있어.

또,
블록체인과 관련된 사업에서도 새로운 일자리들이 생겨나고 있고,
연봉도 IT산업 직군 중에서 가장 높은 축에 속해.

55

> 오히려 블록체인이 아니라 차라리 **비트코인 배우면** 부자 되는 거 아닌가?

지금은 대부분 블록체인과 비트코인을
투자나 투기의 대상으로 인식하고 있어.
전 세계적으로도 정책적으로 비트코인을 인정하거나
양성하는 것 보다는 엄격히 규제를 하고 있어.

잘 생각해봐!
국가의 가장 강력한 힘 중 하나가 돈을 관리하고,
통화를 발행하고, 통화량을 조절 하는 건데,
비트코인이 점점 성장하게 되면
국가의 통화조절능력이 위협을 받게 되잖아.

비트코인은 탈중앙화를 목표로 개인 간의 거래를 하려고 하는데
국가 입장에서는 우호적일 수가 없지.
그래서 나는 암호화폐의 금전적 가치보다 블록체인 기술에
좀 더 집중해야 한다고 생각해.
블록체인으로 할 수 있는 일은 생각보다 더 많이 있어.

CLASS#2 / 블록체인과 암호화폐

블록체인 기술도
이제 개발되기 시작한 거라면,
문제점은 없어?

사실은 아직도 여러 문제점이 있어.
블록체인의 구조상 반복되는 서명과 합의하는 작업량을
현재의 컴퓨터 하드웨어로는 감당할 수가 없어.

현재 블록체인 플랫폼들 모두
속도 성능이 한계로 제대로 사용되고 있지 못한다고 해.

CLASS#2
블록체인과 암호화폐

00:20-00:30

CLASS#3

블록체인기술과 경제

////////////////////////////////

블록체인기술이
경제구조를 변화시킬까?

TOPIC
블록체인기술과 토큰이코노미

WORDS
4차산업혁명, 빅데이터, 합의, 지갑, 개인키, 공개키, ICO

CLASS#3 / 블록체인기술과 경제

서명과 합의?
블록체인 기술용어들을 좀 배워야 알겠어.
나는 컴맹이고, 기계치에
수학, 과학 그런 과목 못했는데...
블록체인을 배우려면 무엇부터 시작할까?

괜찮아,
누구나 블록체인 처음부터 시작해서 전문가가 될 수 있어.
제일 먼저 **컴퓨터 프로그래밍**을 아주 기초부터 배우면 좋아.

어린이들도 시작할 수 있는
스크래치(Scratch) 프로그래밍부터 시작해서, 자바(JAVA)와
파이썬(Python) 같은 다양한 프로그래밍 언어를 배우면 좋아.

블록체인과 관련한 다양한 직업들도 계속 생기고 있으니까,
블록체인을 활용한 비즈니스 과목도 도움이 되지.

초등학생도 배워도 돼?

물론이지.
기초용어부터 배우면 쉬워,
천천히 관심을 가져봐.

CLASS#3 / 블록체인기술과 경제

난 블록체인 보다
비트코인 배우고 싶어.
비트코인 많으면 부자 되잖아.

그럼 블록체인 기초하고,
비트코인과 암호화폐에서
꼭 필요한 내용만 알려줄게.

블록체인과
비트코인의 관계를 설명해줘

많은 사람들이 블록체인 기술을
비트코인 만드는 것으로만 오해하는데,
사실은 블록체인 기술은 정보를 저장하고,
보관하고, 검증해서, 모든 사람이 믿을 수 있게
네트워크상에서 보여주는 기술이라고 하면 더 이해가 쉬워.

하지만 너무 많은 내용을 모든 사람이 보고, 검증하는 데는
시간과 노력이 너무 낭비되기도 해서,
지금은 다양한 방법으로 블록체인을 사용해서
기업들만의 거래 장부를 만들기도 해.

비트코인은 개개인이 거래를 검증하고 저장하고,
블록을 생성하는 과정에 대한 보상으로 주는 거야.
실제로 비트코인을 생성하지 않는 프라이빗한 블록체인도 많이 있어.

CLASS#3 / 블록체인기술과 경제

해시라는 말이 나왔는데, **해시가 무슨 뜻**이야?

해시(Hash)는 비밀이라는 뜻의
그리스어 Cryptods에서 온 암호라는 말이야.

암호는 약속된 사람들끼리만
내용을 알 수 있게 하려고 사용하는 건 알지?

해시도 암호학을 기초로 암호를 만드는 건데,
전자서명이나 메시지 인증코드에 사용하는
아주 복잡한 수학공식을 통해 생겨난 암호값이야.

서로 다른 값을 아무리 암호화해도 해시는 절대 같아질 수 없고,
반대로 하나의 값을 암호화하면 그 값은 절대 바뀌지 않아.

비트코인을 배우려면
제일 먼저 알아야 하는 건 뭘까?

원장(Ledger)이라는 개념이 시작점이야.
원장은 블록체인 시스템 안에서 행해지는 모든 거래 내역을
저장하는 장소를 블록이라고 앞에서 이야기했는데,

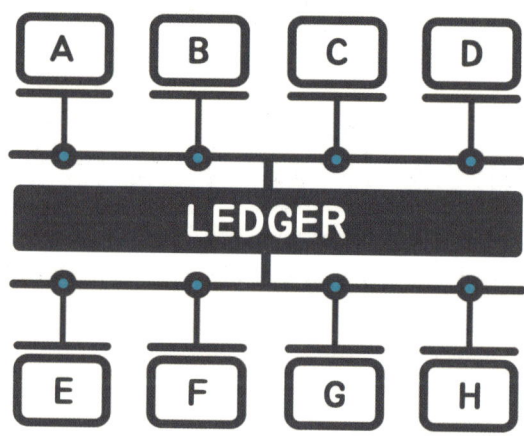

블록체인에서 블록은 시스템 참여자 모두에게 공개되어 있고
블록을 추가할 때는 참여자 모두의 합의를 통해서 신뢰를 얻어야만 해.
이러한 **거래와 합의 내용 등을 적어 놓은 내용을 원장**이라고 하고,
거래 내역을 저장하는 곳은 블록이라고 해.

CLASS#3 / 블록체인기술과 경제

합의?
블록을 추가할 때 왜 합의가 필요해?

블록체인은 중앙의 기관에서 통제하지 않고
개개인이 검증하는 분산된 시스템으로 구성되어 있어.
블록을 생성할 때, 즉 블록을 체인에 추가할 때마다
각각의 개인이 가지고 있는 컴퓨터, 여기서는 이것을
분산화된 노드(Node)라고 하는데,

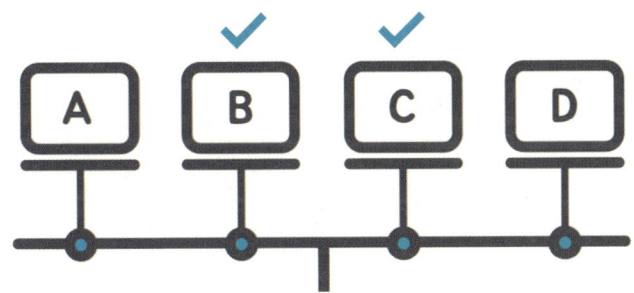

분산화된 노드들이 그 블록을 검증하면서
그 블록이 유효하다고 합의해야 해.
블록체인의 합의 알고리즘은 그 블록의 잔고와 서명을 검증하고
블록에 기록된 트랜잭션을 승인하고, 실제로 블록이 유효한지까지
검사하는 도구라고 볼 수 있지.

트랜잭션에 대해서 좀 더 알려줘.

블록체인에서 트랜잭션 기능은
블록체인에 어떤 상태(state)를 기록하는 것이야.

블록체인에 무언가 쓰기를 요청하는 것을
다시 말해서 트랜잭션을 보내는 것이라고 해.

블록체인의 유일한 목적이
트랜잭션을 안전하고 신뢰할 수 있는 방식으로
저장하는 것이라고도 할 수 있어.

CLASS #3 / 블록체인기술과 경제

비트코인에도 트랜잭션이 있어?

중요한 질문이야.
비트코인 트랜잭션은 지정된 금액의 비트코인에 대한 소유권을
한 개인으로부터 다른 개인으로 이전하기 위한 목적으로
서명된 정보야.

이것을 속칭 지갑 A에서 지갑 B로 보낸다고 하지.
그러니까 비트코인에서의 트랜잭션은 비트코인을 보내는
입력과 비트코인을 받는 출력의 조합이라고 할 수 있어.

블록체인에서 트랜잭션이 한 번 생성되면
그 누구도 그것을 수정할 수 없어서 매우 믿을 수 있지.

지갑?
비트코인은 암호화된 데이터인데,
어떻게 지갑이 있어?

비트코인 개발의 목적은 탈중앙화된 암호화폐로,
돈을 통제하고 관리하는 권리를 은행이 아닌
개인에게 돌려주기 위해서 만들어졌다고 해.

사실 암호화폐는 데이터이고,
암호화폐 지갑은 암호화폐 자산을 보관하기 위한
소프트웨어 프로그램이야.

그러니까 지갑이라는 것은 블록체인을 통해
암호화폐를 주고받을 수 있도록, 개인키와 공개키라는 도구를 이용해서
자산을 관리하는 전자지갑이야.

CLASS#3 / 블록체인기술과 경제

개인키와 공개키가 어떻게 다른데?

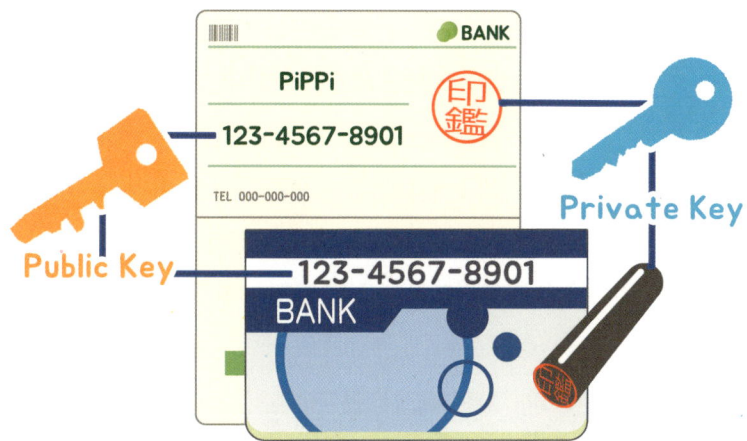

**공개키는 은행의 계좌번호라고 생각하면 되고,
개인키는 비밀번호나 통장에 서명하는 것과 비슷하다**고 생각하면 돼.

공개키로는 블록체인 네트워크상의 거래에서
해당 공개키가 있는 사람의 거래들이 진짜인지 아닌지를 확인하고,
개인키는 실제로 거래를 승인하는 데에 사용하지.

특히 개인키는 거래를 승인하는 도장과 같은 것이니
정말 잘 보관해야 해.

왜 블록체인에
개인키와 공개키로 2개나 필요해?

블록체인과 비트코인이
일상생활에서 다양하게 사용되면,
전자지갑 속에 개인의 신분증명과 비트코인이 들어있게 되고,
디지털 키, 비트코인 주소, 디지털 서명으로 전자지갑의 소유자가
비트코인의 주인이라는 것을 증명하게 될 거야.

모든 비트코인 거래는
블록체인 네트워크의 장부에 기록하기 위해서 서명이 필요한데,
그 서명을 하기 위해서는 디지털키가 있어야 해.

Private Key   Public Key

이 디지털 키는 개인키와 공개키
이렇게 한 쌍으로 구성되어 있어.

CLASS #3 / 블록체인기술과 경제

은행에서는 비밀번호 잃어버려도, 돈을 찾을수 있는데, 개인키와 가지고 있던 비트코인도 잃어버린다면, 탈중앙화된 비트코인이 은행보다 더 나은 부분이 있어?

개인키 분실에 의해서 비트코인을 잃어버리는 것이 걱정된다면 콜드월렛(인터넷에 연결되지 않은 물리적인 비트코인 지갑)을 사용하거나 개인키를 별도로 복사해놓으면 돼.
그리고 개인키를 관리 해주는 시스템이 곧 나올 거야.

비트코인이나 가상화폐, 암호화폐의 가장 긍정적인 점을 말할 때, 대부분 지금까지 사용해온 중앙화된 시스템에서는 거래 수수료의 대부분을 가져가는 경제구조라서, 그 시스템을 근본적으로 바꾸어 보기 위해서 탈중앙화된 블록체인 기술을 사용하고 싶어 해.

중앙정부나 은행, 서버를 관리하는 거대 기업들이 데이터를 관리하는 게 아니라, 서로가 누군지 알지 못하는 세계 곳곳에 있는 사람들이 공동으로 장부를 관리함으로써 위,변조가 불가능하고 투명한 시스템이 운영될 수 있거든.

세계 곳곳에서
여러 사람들이 공동으로 일을 하면,
시간이 너무 많이 걸리지 않아?

블록체인이 낳은 기술 중 하나가 암호화폐인데 이는
투명성과 보안성, 추적 가능성 그리고 낮은 거래비용이라는 장점으로
기존의 은행 시스템을 대체하려는 시도가 많아.

그런데 블록체인은 그 특성상 여러 명의 합의를 거쳐야 해서,
비자나 마스터카드와 같이 초당 수천 건의 거래를 처리하지 못해.

또한, 새로운 사용자가 갑자기 유입될 경우 네트워크 정체가 발생하고,
네트워크 정체에 의한 고비용, 속도저하로 인해
대기업들이 블록체인을 기반으로 하는 기술을 선호하지 않아.

CLASS#3 / 블록체인기술과 경제

비트코인 말고 다른 코인이나 토큰이 많이 있던데, 차이가 뭐야?

코인이라는 개념은 비트코인에서 나왔다고 생각하면 돼.
초창기에 암호화폐 생태계에서는 비트코인과 비슷한
다양한 암호화폐가 많이 만들어졌어.
이러한 코인들을 사람들이 알트코인(Alt Coin)이라고 불러.

ERC-20 Token

2015년 7월 비탈릭 부테린(Vitalik Buterin)이
이더리움(Ethereum)이라는 블록체인을 만드는데,
이더리움은 비트코인에 없는 스마트 컨트랙트라는 기능이 있었어.
이 스마트 컨트랙트 기능이 이더리움이 플랫폼으로 기능 할 수 있게 했어.

쉽게 말하면, 아이폰에서 제공하는 앱스토어를 생각해봐.
아이폰이 스스로 모든 소프트웨어를 개발하지 않고,
다른 개발자들이 쉽게 앱스토어에 자신이 개발한 앱을 올려서
아이폰이용자들에게 판매할 수 있게 하잖아.

이더리움도 이런 기능을 이용해서 암호화폐를 만들 수 있게 해준 거지.
이렇게 이더리움에서 만들어진 암호화폐를 ERC-20 토큰이라고 불러.

암호화폐 ERC-20이 여러 가지야?
이런 토큰은 누가 만들어?

ERC-20 토큰은 이더리움 블록체인 안에서 생성된 것으로,
토큰을 주고받을 수 있는 기능을 가지고 있는 토큰을 말해.
주로 암호화폐 발행을 통해서 초기 자금을 모으려는 스타트업들이
발행하는데, 이렇게 투자의 대가로 토큰을 제공하는 것을
ICO (Initial Coin Offering) 라고 해.

토큰을 구입하는 투자자들은
회사의 어떠한 소유권을 구매하는 것이 아니라서,
일반적으로 자금을 조달하기 위한 방법으로
회사가 주식을 투자자들에게 판매하는 것과는 달라.

CLASS#3 / 블록체인기술과 경제

나도 ICO하고 코인 만들고
부자 될 수 있겠네?

물론,
그렇지만 ICO를 하려면
먼저 실행 가능한 블록체인 벤처를 만들어야 해.

비즈니스모델 상에서 프로젝트나
아이디어가 어떻게 작동할지, 그 비즈니스는
어떤 가치를 갖고 있는지, 정말 사회에 필요한 비즈니스인지,
그리고 현실에서 개발 가능한 아이디어인지에 대한
확실한 증거가 있어야 하고, 그래야 그 아이디어로
투자를 받을 수 있는 토큰을 발행할 수 있는 거야.

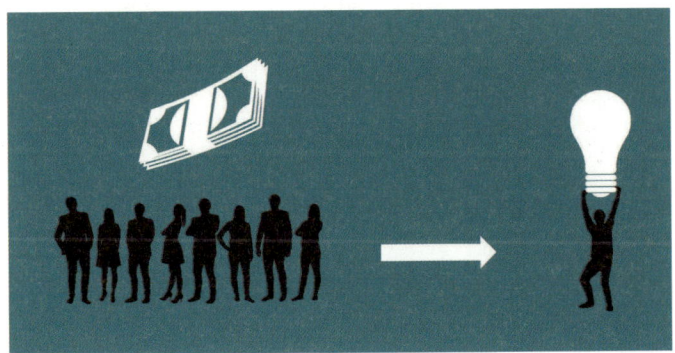

우리나라에서
ICO 코인 투자가 불법이라고 들었는데
사람들은 왜 할까?

여러 가지 이유가 있겠지만,
암호화폐를 제대로 공부하지도 않고,
암호화폐투자가 가진 위험을 잘 알지 못하고
투자를 하는 사람들이 많이 있다고 해.

투자를 낙관적으로만 보는 경향이 있는 거지.

CLASS #3 / 블록체인기술과 경제

암호화폐 거래와 주식거래는 **뭐가 달라?**

먼저 암호화폐 시장과 주식시장의
가장 큰 차이점은 운영시간이야.
암호화폐는 365일, 24시간 다 할 수 있는데,
주식은 거래 가능 시간에만 할 수 있지.

다음으로 **암호화폐는 코인가치가 초당 변동**이 있는 반면에
주식은 코인에 비교하면 비교적 천천히 변화하지.

가장 중요하고 어려운 것은 **암호화폐의 가치와
회사(주식)의 가치가 서로 다른 문제**라는 거야.

주식투자는 실제 존재하는 회사의 미래에 대해 투자하는 건데,
암호화폐 투자는 코인을 발행한 회사가
앞으로 우리에게 제안한 대로 기대하면서 투자하기도 하고,
단순히 코인 가격의 변동만을 보고 투자하기도 해.

어떻게 거래소에서 코인을 살 수 있어?

먼저 현지 통화 즉 원화나 달러 등의 현금으로
암호화폐 거래소에 계정을 만들어야 하는데,
이 과정에서 본인 인증과 은행 계좌 인증 등의 과정이 필요해.

다음 단계로 암호화폐 거래소에 현금을 송금하고,
이 금액이 거래소 지갑에 입금되었는지 확인한 후,
비트코인이나 이더리움 등 코인을 구매하면 돼.

거래소 지갑은 안전하지 않기 때문에
암호화폐를 구매한 뒤에는 지속해서 거래할 것이 아니라면
콜트월렛이라고 부르는 개인 소유의 지갑으로
암호화폐를 옮기는 것이 더 안전해.

CLASS#2 / 블록체인과 암호화폐

암호화폐 거래소는 왜 위험한데?

암호화폐 거래소는
온라인의 암호화폐 은행이라고 생각하면 쉬워.
고객들의 자산을 모아서 암호화폐 지갑
즉 은행의 금고와 같은 곳에 넣어 두는 거야.

그런데, 해커 알지?
해커들이 암호화폐를 훔치려고
여러 암호화폐 거래소를 공격하는데,
이 암호화폐 거래소가 해커들의 공격에 안전하지 않아.

블록체인과 암호화폐가
정말로 **우리 일상에서 사용되는 세상이 곧 올까?**

2019년은 전 세계의 기업과 기관들이 블록체인 기술과 역량을 개발하기 위해서 노력했지만, 아직 제대로 상용화된 서비스를 만들어내지 못했어.

하지만 **2020년부터는 페이스북을 비롯한 글로벌 기업들뿐만 아니라 한국의 대기업들도 블록체인 기술 활용한 서비스를 준비**하고 있어.

4차 산업 혁명의 다른 분야인 인공지능(AI), 빅데이터 기술과 마찬가지로 블록체인도 어떤 분야에도 접목될 수 있어.

CLASS #3 / 블록체인기술과 경제

CLASS#3
블록체인기술과 경제

00:30-00:40
CLASS # 4
블록체인 현재와 미래

////////////////////////////////////

**현재와 미래의
블록체인은 어떤 모습일까?**

TOPIC
블록체인 산업 적용 사례

WORDS
교육, 금융, 의료, 헬스케어, 민간, 공공서비스, 게임

피피, **디지털자산**이라는 말을 많이 하는데,
블록체인도 관련이 있어?

디지털자산에 대해 좀 더 설명해 줄게.
모든 자산 가치의 원천은 정보라고 해.
즉 **정보를 자산의 미래가치로** 보는 거지.

그리고 이것은 모든 사람이 연결된 상황을 전제로 가정하는 거야.

인터넷을 이용하여 모든 사람들이
네트워크상에서 연결되어 있어야만 하고,
자신들이 가지고 있는 자산 가치를 올바르게 평가 받으려면,
정보를 확인하는 과정이 필요하기 때문이지.

블록체인은 이런 점에서 정보 확인을 위한
합의 알고리즘을 가지고 있어서 유용해.

블록체인이 사회적으로 소외된 사람들에게도 정말 좋은 일을 할 수 있을까?

블록체인은 소외된 신흥시장,
즉 더 가난하고, 산업 발전이 안 된, 은행을 이용할 수 없고,
대출이나 신용거래 같은 금융시장에서 소외된 사람들에게,
비트코인이나 암호화폐를 이용해서 대출과 신용거래를 하게 할 수 있어.
전 세계에서 개인들끼리 서로 투자와 대출을 해 줄 수 있으니
암호화폐가 소외된 사람들을 신용사회로 통합하는
시작점을 만들 수 있다고 생각해.

또 하나는 블록체인이 우리 모두에게 경제적 가치를 가지는
모든 것을 자산화할 수 있도록 만들어주어서,
신뢰를 인증해 주는 중앙기관 없이, 개개인이
블록체인 네트워크 플랫폼을 통해서 전 세계 누구와도 즉각적이고,
안전하게 거래되는 세상으로 이끌어 갈 수 있을 거야.

CLASS#4 / 블록체인 현재와 미래

정말로 블록체인이
미래에 강력한 영향력을 발휘할 수 있어?

블록체인기술을 발전시켜서 그렇게 되기를 기대하면서
더 나은 블록체인 기술 개발과 발전을 위해 노력하고 있어.

**가까운 미래에는 블록체인으로 가치를 가지는
가상의 것들을 인정하고 이것들에 경제적 가치를 부여하는데
아무도 이의를 제기하지 않을 것**이라는 거야.

보이지 않지만 존재하는 것, 그리고 우리가 가치 있다고 믿는
많은 의미 있는 것들에게 가치가 주어지고 서로 거래하는 것이
거리낌이 없는 새로운 패러다임이 당연해질 거야.

그럼, 블록체인이 이끌고 가는 미래를 대비해서, 우리 아이들한테 **무엇을 준비 시켜야 될까?**

블록체인이 전 세계의 모든 사람과
원하면 언제든지 국적이나 지리적 제약 없이
'연결'이 가능한 시대를 열 것이라고 예상할 수 있으니
사람들과의 의사소통 능력을 키우면 좋을 것 같아

미래사회에서 성공하기 위한 핵심 경쟁력은
지역, 나이, 성별 등과 관계없이 누구와도 소통할 수 있는
유연한 **의사소통 능력**이라고 생각해.

CLASS#4 / 블록체인 현재와 미래

그럼 학교 공부는 안해도 되는 거야?

아니야,
학습의 방법이 달라질 수는 있지만
지금처럼 열심히 해야지.

단지 성적으로만 평가 받는 게 아니라
학생들의 다양한 능력을 다르게 평가하게 될 거야.

난 **다른 나라 사람들과 친해지고** 같이 공부하고 싶은데.

디지털 시대, AI 시대가 오면
세계가 너의 모니터 안으로 들어올 거야.
언어와 나이 성별 장벽이 사라지고,
인종과 국경을 뛰어넘은 새로운 디지털세계가 열릴 거야.

게임의 세계에서 빅이 다른 캐릭터로 사는 것처럼,
빅이 원하는 데로 너를 재창조할 수 있게 될 거야.

CLASS#4 / 블록체인 현재와 미래

너무 멋져,
블록체인이 가져올 미래가 엄청 기대되는데,
얼마나 발전하고 있어?

금융, 무역, 경제, 사회, 국가와 지역사회의 공공서비스 등에서
블록체인이 혁신적인 변화를 이끌어 가고 있어.

먼저, 페이스북 알지?
페이스북이 스테이블 코인 리브라를 곧 발행하려고 해.

그리고 가까운 중국에서는
중국 인민은행의 중앙은행이 발급하는 디지털 화폐(CBDC)인
디지털 화폐 전자결제(DCEP)를 발행하겠다고 했어.

중국을 시작으로 지금 전 세계적으로 CBDC 발행 움직임이 일고 있지.
네덜란드, 독일, 러시아, 터키도 CBDC를 발행할 계획을 발표했고,
한국의 한국은행도 CBDC에 대한 관심을 보이고 있어.

가장 궁금한 것은 블록체인이
교육을 어떻게 변화시킬 수 있을까?

블록체인기술로 만든 전자증명은
인턴, 현장실습, 교육과정 이수, 봉사, 개인 포트폴리오 등
모든 증빙서류를 한 번에 확인하고 제출할 수 있어.

이렇게 되면 시간과 비용을 절감할 수 있고
가짜 학위 제출도 막을 수 있게 되겠지.

CLASS#4 / 블록체인 현재와 미래

블록체인 혼자서
그렇게 많은 변화를 가져올 수 있어?

블록체인 기술 혼자의 힘이 아니라
블록체인이 교육과 빅데이터, 인공지능 같은 최신 기술이 결합하여
교육 변화에 시너지 효과를 발휘하고 있어.

몇 가지 사례를 소개해 볼게.

실생활에서 미래 블록체인 활용 사례 1

MIT's Media Lab과 Learning Machine이 공동 개발한 Blockerts는 학위 위조에 대해 끊임없이 발생하고 있는 사회적 이슈를 검증하기 위하여 만들어진, 비트코인 기반 학위인증 플랫폼입니다.

Blockcerts Wallet을 다운로드하면 사용자에게 기본적으로 공개키와 개인키가 생성됩니다. 공개키와 개인키는 암호화 되어 있는데, 일반적으로 우리가 사용하는 비밀번호와 같은 역할을 합니다. 학교가 초대를 보내면 자신의 공개키가 해당 학교 졸업장의 디지털 사본에 등록이 됩니다. 사용자는 학위인증서에 등록된 공개키의 소유권을 입증할 수 있고, 제 3자는 사용자에게서 받은 디지털 학위인증서의 진위를 블록체인을 이용해 추가 비용 없이 조회와 확인을 할 수 있습니다.

실생활에서 미래 블록체인 활용 사례 2

대학이나 기관 등에서 현장실습이나 인턴십 기업을 선정할 때 블록체인 기술 기반의 관리 시스템을 도입하면, 대상지의 안전성과 실습기업에 대한 평가 및 검증, 현장실습 기업에 대한 평가, 학생 실습기록 통합관리, 실습 기여도에 따른 학점 연동, 타 대학 기관들과 공동 운영 등의 서비스를 제공할 수 있습니다.

블록체인 접목 가능한 교육의 20가지 영역

-미국 경제잡지 포브스(Forbes)

1. 성적표 발급으로 학점 확인과 점수 위조방지가 가능합니다.

2. 디지털 신분증으로 언제, 어디서나 증명 가능하여 사용자가 편리하게 이용할 수 있습니다.

3. 학생기록에 대한 보안을 강화하고, 사용자들이 안전하고 편리하게 이용가능 합니다.

4. 교육플랫폼에서 ID가 도용되거나 개인정보가 유출되지 않도록 ID관리 기능이 있습니다.

5. 해킹과 불법사용 등에서 교육기관 네트워크를 보호하는 인프라 보안 기능이 가능합니다.

6. 학교 통학버스나 학원 버스 등 교육용 차량에 대한 새로운 옵션을 공유할 수 있고, 블록체인으로 요금을 지급하는 서비스도 가능합니다.

7. 자료와 데이터 저장에 대한 수요가 많은 곳에서는 클라우드 스토리지 서비스를 이용해서 더 안전하고 저렴하게 기록을 보관할 수 있습니다. 학창시절의 추억을 사진으로 남겨 두었던 것을 블록체인 상에서 보관하면, 모두가 안전하고, 사라지지 않는 추억을 공유할 수 있습니다.

8. 재생에너지를 사용하는 교육기관의 경우, 전기와 같은 에너지를 교육기관에서 생산하고, 개인에게 판매하거나, 남는 에너지를 다른 기관에 보내는 시스템을 블록체인을 이용한 P2P거래를 사용하면 에너지 효율성을 높일 수 있습니다.

9. 블록체인을 이용하여 다양한 교육기관에서 선불카드, 코인거래 등을 이용하여 제휴된 교육기관들과 통합적인 결제시스템을 이용할 수 있습니다.

10. 블록체인 네트워크에서 스마트 컨트랙트, 즉 전자계약서의 사용은, 교육시장에서 학습자와 서비스 제공자, 학습기관들이 서로 대면하지 않고, 다양한 교육 서비스 계약 시 서류절차를 간소화 할 수 있게 하고, 시간을 절약해 주며, 서로의 신뢰를 보장해 줍니다.

11. 블록체인 플랫폼에서는 서로의 신뢰를 기반으로 활용하므로, 학습자와 교육자에 대한 정보관리가 보다 효율적이고 안전합니다.

12. 블록체인은 서류와 데이터를 여러 사람이 분산화된 컴퓨터에 저장하므로 서류를 위변조 못하고, 분실과 소멸의 위험이 없으며, 종이서류보관과 관리, 복수 장부기록 등의 다양한 프로세스를 줄여서 절차를 간소하게 만들어 줍니다.

13. 교육과정과 다양한 교육프로그램 서비스를 블록체인의 신뢰 기반 교육 오픈소스로 구축하게 되면, 중개인 없이 구매자와 판매자를 안전하게 연결하는 플랫폼을 운영할 수 있습니다.

14. 장학금 지원과 자선활동, 기부금 모음 플랫폼을 블록체인 기술 기반 플랫폼을 구축할 경우, 돈의 흐름을 추적하고, 모든 사람이 확인할 수 있으며, 확실하고 신뢰성 있게 운영될 수 있습니다.

15. 교육시장에서 교육자의 인격과 실력은 중요한 자원입니다. 빠르고 정확한 신원확인으로 신뢰할 수 있는 교육자를 발굴하고 선발할 수 있는 블록체인 기반 구인구직 및 소개와 추천 플랫폼을 구축할 수 있습니다.

16. 교육 비즈니스에서 검증가능하고 고칠 수 없는 블록체인거래와 스마트컨트랙트 기술을 사용하게 되면 투명한 회계와 투명한 의사결정을 할 수 있습니다.

17. 도서관과 박물관에서 수집한 기록물과 보관물을 디지털형태로 블록체인상에 보관하면, 보관과 관리가 훨씬 편리해 집니다.

18. 저작권 침해 방지와 불법 복제방지가 가능한 블록체인을 이용하면 저자와 출판업계, 독자와 관련업계를 연계한 새로운 플랫폼 구축이 가능하고, 불필요한 비용 절감효과도 얻을 수 있습니다.

19. 정부와 지자체 그리고 교육관련기관은 블록체인 플랫폼을 이용해서 학생과 학부모를 연계한 교육 공공지원 서비스를 투명하고 공정하게 제공 할 수 있습니다.

20. 교육투자의 신뢰성을 높이고, 신속한 거래를 제공하기 위해서 블록체인을 이용하여 투자유치와 토큰판매를 할 수 있습니다.

CLASS#4 / 블록체인 현재와 미래

블록체인기술이 의료, 헬스케어 부분에서 주목받고 있는데, 어떻게 달라져?

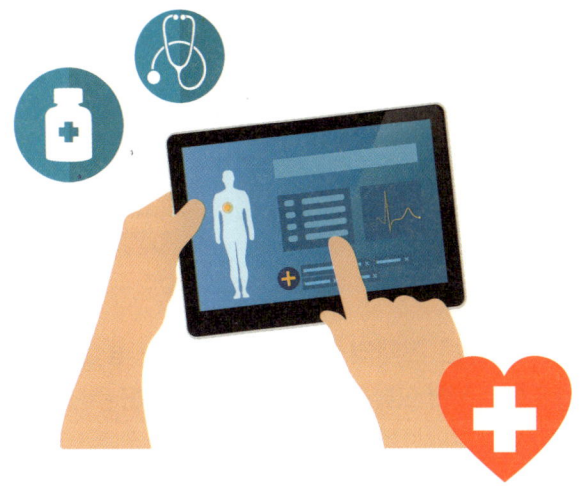

블록체인의 의료부문 적용은
환자데이터의 활용과 보호가 가장 이슈가 되고 있어.
병원에서는 환자와의 신뢰를 구축할 수 있는 솔루션으로
블록체인 기술을 활용하려고 해.

실생활에서 미래 블록체인 활용 사례 3

미국 IT분야 시장조사 및 컨설팅 회사인 가트너는 의료와 헬스케어 산업 분야에서 블록체인을 도입하였을 때 특히 효용성이 클 것이라고 한다.

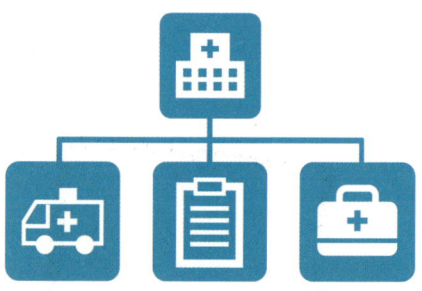

1. 블록체인 도입은 현재의 병원과 의료기관 중심의 의료정보 시스템을 환자중심의 의료정보 시스템으로 바꾸어 준다.

개인의 의료기록(PHR)에 대한 주권을 각 개인이 가지게 된다는 것이다. 구글 딥마인드 헬스는 영국 국가보건서비스(NHS)와 함께 환자가 실시간으로 자신의 의료 정보를 모니터링 할 수 있는 블록체인 기술을 개발하고 있다.

2. 블록체인은 개인의료정보의 보안성과 투명성을 확보할 수 있게 해 준다.

환자의 정보 보안성을 높여서 정밀의료에 활용할 수 있으며, 블록체인 네트워크를 통하여 개인의 데이터 기부를 위한 동의서 관리도 가능하다.

3.의료서비스 제공자가 의료기록을 허위로 작성하거나 임의로 변경하는 일 등을 막을 수 있고, 의료 데이터 해킹으로부터 데이터 손실을 막을 수 있다.

2015년 미국 내 의료데이터 해킹수는 1억 1200만 건 이상이었고 손해액은 약 7조원 이상이었다.

4.허위보험청구로 인한 비용손실도 줄일 수 있다.
복잡한 보험청구 정보처리의 통합성을 강화하고, 스마트컨트랙트 기술을 이용하여 실시간 청구와 심사 그리고 지급을 받을 수 있다.

5.현재 시스템은 의료기관들끼리 환자의 의료 정보를 공유할 통로가 없어서, 환자들은 중복된 검사를 다시 받느라 시간과 비용을 낭비한다.
블록체인은 일관된 구조의 블록을 통하여 의료정보 교류의 편의성과 호환성을 향상 시켜준다. 개인은 암호화를 통해서 개인의 건강정보를 휴대폰에 저장할 수 있고, 어느 의료기관에서든지 지속적으로 치료받을 수 있고, 여러 부서의 의료 서비스를 통합관리 받을 수 있다.

6.블록체인으로 의료 정보를 공유하고 활용하면 긴급한 치료나 수술이 필요할 때 의료진이 더욱 신속하고 효율적으로 대처할 수 있다. 환자의 병력이나 혈액형, 특정 약물에 대한 알레르기, 현재 복용하는 약물 등에 대한 정보를 재빨리 파악하고 정확히 대처할 수 있는 것이다.

7.만약 의료분쟁이 일어날 경우 병원의 진료기록 조작을 방지하여 환자들의 권리를 보호할 수도 있다.
IBM 왓슨헬스는 미국 질병관리예방센터와 협력하여 병원들이 각각 보유한 진료 정보를 블록체인 네트워크에 저장하고 사물인터넷 등에 접목하고 있다.

8.블록체인은 인공지능과 결합하여, 진단과 치료의 정확도를 향상시킬 수 있다.
미국은 2018년 5월, 블록체인을 활용하여 300~500만명의 여성 유방 촬영 영상 데이터를 인공지능 머신러닝을 실시하여 임상의보다 정확한 진료가 가능하도록 하는 연구를 시작하였다.

9.유전정보, 생활습관 관리 등 건강과 의료정보를 블록체인을 기반한 인프라를 구축하기 위한 중앙기관과 의료기관, 정부, 디지털헬스케어 업체등의 적극적인 협력이 이루어지고 있다.
국내에서는 고려대학교 의과대학 주관으로 블록체인 기술을 이용한 정밀의료 병원정보 시스템(P-HIS)을 국가전략 프로젝트로 개발하고 있다.

10. 블록체인 기술은 의료 데이터 접근 권한 통합 관리, 공인인증서 대체 등에 활용될 수 있다.
현재 공공서비스에 블록체인 기술을 가장 적극적으로 도입하고 있는 국가인 에스토니아 정부는 국민의 의료 정보(진료기록)를 블록체인 상에 올리고, 개인 계정을 통해 관리할 수 있도록 하고 있다.

금융 산업에 블록체인이 사용되면, 기업뿐 만 아니라 개인들에게도 혜택이 있어?

블록체인 기반의 디지털 월렛을 사용하여, 관련 기업 간의 멤버십 포인트의 적립, 사용을 통합할 수 있어.

기존의 다른 멤버십 포인트도 가상화폐로 바꾸거나, 개인 간의 거래도 가능하고 은행과 연계해서 현금으로 전환도 가능해져.

앞으로는 모바일에 있는 메신저 서비스처럼 블록체인 암호화폐 서비스도 쉬워질 거야.

CLASS#4 / 블록체인 현재와 미래

실생활에서 미래 블록체인 활용 사례 4

1. 블록체인시스템을 이용해 은행, 증권, 보험 등 전통금융기관이 해결할 수 없는 신용위험을 극복할 수 있다.

신용위험은 2008년 금융위기와 같이 금융기관이 파산하는 위험이고, 운영위험은 해킹을 당하는 것과 같은 시스템적인 리스크다.

2. 블록체인 네트워크 기반 금융플랫폼을 이용해 투자자와 투자자산이 국경 없이 연결 할 수 있다.

현재는 은행을 이용할 수 없는 비 금융권 인구가 약 17억명 이라고 한다. 블록체인 기반 네트워크에서 이들도 스마트폰으로 자산 투자를 할 수 있다.

3. 블록체인은 누군가의 보증 없이도 내용을 신뢰 할 수 있게 해준다.

즉 개인 간 거래 신뢰를 제공하고, 금융권 블록체인은 기관과 기간의 거래 및 정보를 공유하는 신뢰 네트워크가 된다.

4. 금융기관 간의 거래를 할 때, 신뢰가 필요한 업무에는 많은 시간과 비용이 발생하고, 즉각적인 청산이 불가능하다.

하지만 금융기관들이 블록체인을 구축하여 청산 시스템을 구축한다면 신뢰를 위한 수수료가 감소하고 즉각적인 청산을 할 수 있다.

5. 공인인증서와 같은 다른 기관과의 업무에서 데이터 위변조와 책임 문제를 블록체인을 이용하면

필요한 데이터를 복잡한 프로세스 없이 쉽게 공유하고, 중앙 공격에 강하고 거래내역 위변조를 즉각적으로 발견할 수 있으며 책임주체를 쉽게 검증 할 수 있다.

6. 블록체인 기술을 활용하여 금융거래에서 소액결제와 해외송금 서비스의 수수료를 낮출 수 있다.

ABRA는 핀테크 스타트업으로 세계 곳곳에 있는 개인에게 송금하는 방식을 바꿀 수 있는 시스템을 개발하였다.

7. 블록체인을 활용한 증권거래가 이루어 질 경우 거래가 체결된 곳에서 직접 매매 확인이 가능하고 자동적으로 승인이 완료된다.

8. 스마트컨트랙트 기능을 활용하여 금융산업에서 기존의 거래에서 중간관리자를 배제하고 비대면으로 업무처리를 할 수 있으며,

이러한 방식은 투자자와 대출자간의 투명성과 신뢰성을 향상 시킨다.

9. 블록체인을 활용하여 대출이 이루어질 경우 대출 사기 문제를 줄일 수 있다.

10. 블록체인 네트워크에서 업무협약을 체결하고, 신용장을 기록 관리하면 거래내용을 조작할 수 없으므로 무역금융 서비스의 신뢰도가 높아진다.

현재 블록체인 활용 사례
- 국가별 금융 산업에 블록체인 도입 사례

1) 미국 JP모건이 주도하는 블록체인 방식 국제 송금 망 'INN'.

기존의 국제송금망 'SWIFT'의 단점은 느린 송금 속도와 비용이많이 들었으나, 블록체인 방식 INN을 사용하면, 국제송금을 낮은비용으로 빠르고 안전하게 제공할 수 있다.
미국 최대 투자은행 골드만삭스, 영세 사업자들이 사용하는 국제송금망이 비싸고 느린 문제를 해결하기 위해 블록체인 스타트업 빔(veem)이 개발한 국제 송금망에 2500 달러 이상을 투자했다.

2) 중국 인민은행에서는 테스트용 디지털화폐를 제작하여 공유은행과 송금과 결제하는 것을 테스트하고 있다.

중국은 4차 산업혁명시대의 핵심기술로 블록체인을 선정(2016년 12월)하였고, 기술개발 및 시범사업을 추진하고, 항저우에 블록체인 산업 파크를 조성하고 있다.

3) 싱가포르 금융통화청과 캐나다 중앙은행에서는 분산원장기술(DLT, Distributed Ledger Technology)과 중앙은행이 자체적으로 발행하는 디지털화폐(CBDC)를 활용한 국가 간 결제 테스트를 성공 했다.

DLT는 분산된 P2P망 내 참여자들이 모든 거래 목록을 지속적으로 갱신하는 디지털 원장 기술이다.

4) 러시아 중앙은행이 자체적으로 발행하는 디지털 화폐(CBDC) 발행을 고려하고 있으나 빠른 시일 내에 시행되기는 어렵다는 전망.

5) 네덜란드 중앙은행은 중앙은행 내부에서 쓰는 DNB 코인 개발을 완료.

6) 영국은행의 중앙은행은 디지털화폐 발행을 중요 연구과제로 선정.

7) 캐나다중앙은행은 은행간 결제용 디지털화폐 CAD 코인 개발 추진 중.

CLASS#4 / 블록체인 현재와 미래

8) 스웨덴은 현금사용이 급감하고 있으며 지급결제시스템에 대한 민간 기업의 독점을 방지하기 위해서 중앙은행이 자체적으로 발행 하는 디지털화폐(CBDC) 발행을 검토 중.

9) 우루과이는 화폐제조 및 유통에 따른 비용을 절감하고 미비한 지급결제 인프라에 따른 국민의 금융서비스 접근 제약을 해결하기 위해서 자체적으로 발행하는 디지털화폐(CBDC)발행을 고려하고 있다.

10) 한국은 주요은행들이 블록체인을 활용한 금융 서비스 개발과 상용화 노력을 하고 있다.

기업관련 서류 비대면 대출, 개인정보주권 강화 본인인증서비스도 나온다. 또 카드나 현금이 아닌 토큰으로 먼저 결제하고 사후에 정산하는 커뮤니티화폐 서비스도 시행중 이다.

블록체인기술이 **국가와 지자체의 공공 서비스 분야**도 변화 시킬까?

세계적으로 블록체인을 중앙정부와 지방정부에서 적극적으로 도입하고 있는 분야가 공공행정 정보관리, 국민 신원관리, 자산 거래 내역 공증, 복지서비스제공 등이야.

한국은 지방정부가 중앙정부 보다 블록체인 도입에 상대적으로 적극적인데, 블록체인을 활용하면 공공부문의 투명성, 효율성 확보, 행정절차의 간소화 등이 이루어지고, 비용 절감으로 인한 행정 효율성, 국민편익 증대 및 국민 삶의 질이 높아지는 효과가 있어.

CLASS#4 / 블록체인 현재와 미래

블록체인을 완전히 사용하는 국가도 있어?

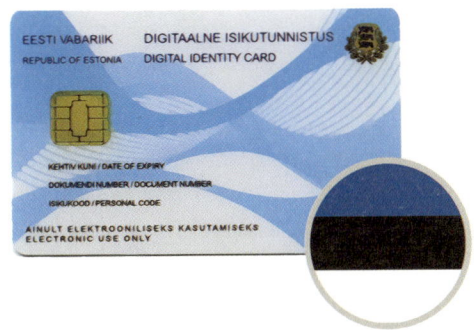

에스토니아는 2007년부터
블록체인 기반의 디지털 전자정부 구축을 시작해서
디지털 국가의 전자 시민 모델인 e-Estonia를 도입했어.

그리고 블록체인 기반의 ID를 발급하고,
시민권, 교육, 치안, 투표, 재무, 헬스 케어 등
공공서비스에 블록체인을 활용하고 있어.

현재 국가별 공공분야 블록체인 활용 사례

1. 에스토니아

에스토니아는 세계은행 디지털 국가 인덱스에서도 1위로 선정된 '디지털 강소국(Digital savvy)'이다. 정부가 직접 블록체인 기술을 개발하기보다 정부-기업 간 협력 네트워크를 구축하여 민간의 기술을 적극 활용하며 생태계를 확장하고 있다.

에스토니아의 디지털 국가전략은 국가 서비스를 개혁해 전 세계 모든 사람이 비즈니스하기 편한 플랫폼을 조성하는 것이다.

전자시민권이라는 안전한 신분증명 수단을 먼저 만들고, 이를 기반으로 축적된 개인들 데이터를 투명하게 공개해 기업들이 자유롭게 활용할 수 있게 하며, 최종적으로 디지털을 활용해 편한 비즈니스 환경을 만든 것이다.

CLASS#4 / 블록체인 현재와 미래

2. 미국
블록체인 활용을 위한 제도적 기반을 확보하기 위한 연방 및 주 정부의 노력이 진행 중으로 16년 이후 점진적으로 도입되고 있다. 미국은 전자화폐, 투표, 금융, 계약, 의료 및 국방에 이르기까지 다방면에서 연방 및 주 정부가 협력하여 블록체인 기술을 활용하기 위해 노력하고 있다.

3. 네덜란드
블록체인을 미래를 위한 핵심 기술로 판단하고, 관련 공공민간 협력 프로젝트에 투자하는 등에 응용하고 있다. 네덜란드는 개인정보관리, 지급결제, 공공서비스 및 자산 이력 등록/추적 등 다부분에서 블록 체인 기술을 활용하고 있다.

4. UAE-두바이
블록체인 기반 전자정부 구현이 주목적이며 투명하고 간편한 행정 서비스를 국민 및 관광객에 제공하고 있다.
16년 이후 모든 문서 및 거래를 20년까지 블록체인으로 전환하기 위해 두바이 블록체인 전략(Dubai Blockchain Strategy)을 추진하고 있다.

5. 중국
특허보유국 1위이자 국가 차원에서 지원이 상당한 수준이며 다양한 분야에서 블록체인 기술을 응용하고자 하는 움직임이 매우 활발하다. 공공플랫폼, 부동산, 의료, 신분 증명 등 다양한 공공서비스에 블록체인 기술을 도입하여 활용 중이다.

6. 스위스
스위스는 블록체인 기술은 제2의 인터넷으로 인식하고 있다. 이 기술을 기반으로 무궁무진한 서비스가 개발된다. 블록체인 허브는 제2의 실리콘밸리와 같은 역할을 할 것이라고 한다.
14년, 주크 시를 중심으로 블록체인 산업이 태동하여 16년, 블록체인 실리콘밸리인 크립토밸리를 선포하며 블록체인 기술을 활용하고 있다. 주크 시는 비트코인을 보편적 결제 수단으로 활용하고 있으며, 스위스 국내 개인정보 관리, 교통 등 공공서비스 분야 적용 확대 중이다.

7. 영국
세계 최초로 비트코인을 법정 통화로 인정한 선도적 도입 국가로, 공공부문에서 블록체인을 적극 활용 중으로, 노동연금 수령 및 법률 기록물 관리 등에 우선 도입하고 있으며 응용 범위를 확대하고 있다.

CLASS #4 / 블록체인 현재와 미래

8. 핀란드

핀란드는 유럽에서 고령화 진행 속도가 가장 빠른 국가 중 하나다. 2070년에는 65세 이상 인구가 전체 인구(556만 명)의 3분의 1에 이를 것이라는 전망이 나온다.

핀란드 정부는 난관을 돌파하기 위해 민간기업을 헬스케어 공공서비스의 파트너로 끌어들였고 원격의료를 확대하여 질병 치료와 예방을 위한 유전체 정보 구축에 나섰다.

9. 일본

(부동산, 입찰) 18년부터 토지대장 관리에 블록체인 기술을 시범 도입하고 있으며, 향후 물품 조달 및 공공사업 입찰까지 적용 확대를 검토하고 있다.

10. 싱가포르

(e거버먼트) 2000년대 시행된 e거버먼트 플랜으로 전자정부 분야에서 두각을 나타내고 있다. 공공서비스를 온라인화하고 이용자 서비스를 효율화하면서 2015년 정보통신 미디어 2025 전략을 수립했다.

11. 호주
(투표) NVB(Neutral Voting Bloc) 기관에서 전자 투표에 블록체인 기술을 도입하여 투표 기록과 의사결정 내용 검증하고 있다.
(전자화폐) 중앙은행인 호주 연방은행은 리플랩스와 제휴하여 결제 인프라에 리플 코인 도입을 진행 중 이다.

12. 스웨덴
(부동산) 정부 최초로 토지 등록 및 부동산 매매 거래에 블록체인을 적용하고 있다.
(전자화폐) 17년 이후 중앙은행인 릭스은행에서 디지털 법정 화폐로 e크로나 개발을 진행 중이다.

13. 스페인
(투표) 포모데스라는 정당에서 의사결정에 블록체인 기반 전자 투표 도입하고 있다. 아고라 보팅(Agora Voting)이라는 기술을 활용하여 검증 가능하고 투명하며 보안이 보장되는 투표 방식이다. 제로 코인이라는 가상화폐를 활용하므로 익명성 역시 보장된다.

14. 덴마크

(공공 디지털 허브) 유럽 최고 디지털 강국 실현을 위한 '디지털 허브 덴마크'를 표방하며 지난 15년간 공공부문 디지털화를 추진했다. 정부 주도로 온라인 서비스를 의무화했다.

(투표) 자유당(Danish Liberal Alliance)은 14년 당 내부 합의 도출에 블록체인 기반 전자 투표를 도입하고 있다.

15. 온두라스

(부동산) 15년 이후 토지분야 거래 투명성 제고를 위해 토지계약시스템 적용을 진행 중이다. 토지 거래 투명성 및 신뢰성 확보의 일환으로 토지대장 조작을 통한 부패를 척결하기 위한 목적이 있다.

16. 조지아

(부동산) 소유권 및 계약 변조 방지 목적의 토지소유권 확인 플랫폼 개발이 진행 중이다. 도입 실험결과, 평균 3~4일이 소요되던 조지아 국민의 토지 소유권 처리 프로세스가 약 2.5초면 해결된다.

17. 시에라리온

(투표) 18년 대선에서 세계 최초로 블록체인 기반 전자 투표를 실시하였다. 수동 개표 후 블록체인에 등록하여 집계결과의 변조 방지에 활용 하였으나, 앞으로는 투표 단계부터 적용할 예정이다.

18. 튀니지

(전자화폐) eDianr이라는 국가 전자화폐 발급에 블록체인 기술을 적용하고 있다. eDianr은 가상의 계좌를 만들고 선불신용 카드를 사용할 수 있는 플랫폼으로 기존 금융시스템과도 호환된다. 향후 모바일 송금, 신원관리, 결제 등에도 확대 적용된다.

19. 베네수엘라

(전자화폐) 18년 1월, 암호화폐 페트로(PETRO)를 활용하여 원유 생산량 감소, 하이퍼 인플레이션, 실물통화 감소 등으로 인한 경제위기를 타파하기 위해 시도하고 있다. 정부는 공공요금, 세금, 이자 납부 등에 페트로를 활용하도록 하고 있으며 향후 용도를 확대할 예정 이다.

현재 블록체인 활용 사례- 한국 공공분야

1) 식품안전관리인증(HACCP) 서비스 플랫폼 구축 (식품의약품안전처)

2) 시간제 노동자 권익 보호(서울특별시)

3) 블록체인 기반 재난재해 예방 및 대응 서비스 구축 (부산광역시)

4) 블록체인 기반 에너지 생태계 구축을 위한 전기차 폐배터리 유통 이력 관리 시스템(제주특별자치도)

5) 블록체인 기반 탄소 배출권 이력 관리 시스템 구축 (환경부)

6) 블록체인 기반 REC(Renewable Energy Certificate: 신재생 에너지 공급인증서) 거래 서비스(한국남부발전)

7) 신뢰 기반 기록 관리 플랫폼 구축 (국가기록원)

8) 방위사업 지원을 위한 플랫폼 구축(방위사업청)

9) 인증서 없는 민원 서비스 제공을 위한 플랫폼 구축(병무청)

10) 의료 융합 서비스(서울의료원)

11) 전자우편 사서함(우정사업본부)

12) 전북도 스마트 투어리즘 플랫폼 구축(전라북도)

실생활에서 일반인들이 이용 가능한 **블록체인 서비스**가 있어?

실생활에서 상용화된 블록체인 서비스는 **소셜미디어 서비스부터 음원 스트리밍, 자동번역, 해외송금, 자선단체, 사물인터넷, 저작권 등** 활용 범위가 확대되고 있어.

현재 블록체인 실생활 활용 사례

1) 사회적 불신 해소 및 투명성 확보를 위한 '탈중앙화 기부 플랫폼'

2) 중고차 이력정보 위,변조를 사전 방지하고 거래까지 할 수 있는 '중고 차 서비스 플랫폼'

3) 자기주권형 본인증명 서비스를 위한 '블록체인 ID/인증 네트워크'

4) 에버레져(Everledger)
2015년 설립된 영국 런던 스타트업으로, 다이아몬드 특성 정보, 감정서, 소유권 상태 등의 정보를 블록체인에 저장 및 관리하는 서비스 제공

5) 루이비통
명품 패션 브랜드 업체 루이비통모에헤네시(LVMH) 그룹이 블록체인 기술 개발업체 컨센시스와 파트너십을 채결하여 명품 인증 플랫폼 아우라(AURA) 서비스 개설 예정

6) 마이크로소프트의 애저
클라우드 서비스 개발팀과 함께 블록체인 기반 상품 이력 관리 및 추적 플랫폼을 개발하고 있으며, 개발이 완료되면 진품 여부를 가리기 위해 제품 원산지부터 판매 시점까지 전 유통과정의 추적이 가능하고, 지적 재산권 관리, 고객 맞춤형 상품제안, 고객 이벤트 관리, 허위광고방지 등의 부가서비스도 제공할 예정

7) 징둥닷컴(JD.com)
중국의 2위 전자상거래 업체로, 5만 종류의 제품 추적을 위해 블록체인 기술을 활용

8) 앨버트슨(Albertsons)
미국 전역에 2,300여개의 지점을 갖고 있는 세계 2위 슈퍼마켓 체인으로, 로메인 상추를 대상으로 '푸드트러스트'를 시범 적용할 예정

9) 코다 커피(CodaCoffee Co.)
최근 고객들이 커피 공급망의 모든 기점을 따라가면서 그 경로를 추적할 수 있는 클라우드 기반 원장에 접속하게 함으로써, '세계 최초의 블록체인 추적 커피'를 제공

블록체인 기술을 활용해서
사회 문제를 해결하는 사업도 가능해?

블록체인은
데이터베이스의 신뢰를 만들어 주잖아.

소셜 임팩트(사회에 긍정적 영향을 끼치는 기업 활동) 도구로
블록체인을 활용한 **페이스북의 리브라**는 기존 금융 서비스에
접근하기 어려운 사람들을 위한 포용적 금융으로 만든 것이고,

한국의 카카오도 블록체인 기술을 활용하여
사회적 가치 실현을 위한 활동을 하고 있어.

현재 블록체인기술 활용 사례

(1)코닥원(KODAKONE)
사진, 인쇄기업 코닥이 개발한 블록체인 기반의 플랫폼으로,
코닥코인(KODAKCoin)을 활용하여 사진 거래-사용-저작권
지급이 이루어진다.

(2)스팀잇(Steemit)

암호화폐 중 하나인 Steem에 기반하여 운영되는 소셜 네트워크 서비스(SNS). 글을 게시해 페이스북의 '좋아요'와 같은 추천을 많이 받으면 보상이 지급되는 서비스다. 작성자는 글의 조회수와 인지도에 따라 암호화폐(Steem)로 보상받으며 암호화폐 거래소를 통해 환전 받을 수 있다.

(3)우조뮤직(Ujo Music), 뮤직코인(MusicCoin)

우조뮤직은 이더리움 블록체인을 활용한 아티스트 중심의 음악 플랫폼이다. 아티스트는 자신이 정한 스마트계약과 함께 음원을 업로드하며 사용자는 이더리움 기반 디지털 지갑을 만들어 결제할 수 있고, 뮤직코인 역시 블록체인 기반의 음악 스트리밍 서비스로 음악 제작자들에게 공정한 가치 분배 실현을 목표로 하고 있다.

(4)시빌(Civil)

블록체인 기술과 가상화폐 보상을 통해 뉴스를 생산하고 배포하는 탈중앙화 뉴스 플랫폼이다. 기자와 독자가 직접 뉴스 콘텐츠를 거래할 수 있게 하는 오픈마켓이다.

(5)이토니온(ITTONION)플랫폼

흩어져 있는 설문 및 여론조사 정보를 안전하게 통합하여 관리할 수 있게 하는 블록체인 기반의 정보 오픈 통합 서비스다. 모두가 자유롭게 참여할 수 있는 설문 및 여론조사 정보 플랫폼을 제공하며, 이를 기반으로 변조나 위조가 되지 않는 정보 제공이 가능하다.

(6)블루웨일

블록체인 융합 기술 기반 솔루션 기업, 삼성전자의 앱스토어인 '갤럭시 스토어'용으로 게임 평가 앱을 3분기 내에 개발하여 향후, 삼성 갤럭시 스마트폰 이용자는 블록체인 기술이 적용된 게임 평가 앱 내 투표 기능을 통해 게임을 평가할 예정이다.

(7)블록체인 캠퍼스

포스텍(POSTECH)과 연세대가 블록체인 기술을 캠퍼스 전체에 도입하여 교내에서 통용되는 가상화폐로 학내 매점이나 식당에서 결제할 수 있고, 또한 블록체인을 활용한 전자 투표, 증명서 발급, 기부금 관리 등을 할 예정이다.

(8)벨릭(VELIC)

블록체인 활용 부동산 지분투자 플랫폼인 엘리시아(ELYSIA)에서 암호화폐를 활용하여 부동산 상품에 소액 투자, 분산 투자가 가능하며 해외 부동산에도 투자할 수 있고, 법적으로 보장되고 언제든지 환매도 가능하다.

CLASS#4 / 블록체인 현재와 미래

예술 산업, 음원, 콘텐츠 부문에도
블록체인기술이 필요할까?

블록체인은 처음에 암호화폐로 관심을 끌고,
금융부문에서 혁신을 이룰 것이라 기대했는데,
지금은 모든 부문에서 그 혁신을 이어가고 있어.

특히 미디어와 엔터테인먼트 업계는
그동안 상품 가치를 수익화하기 어려웠고,
무료 콘텐츠가 넘쳐나서 지적 자산에 대한
보호 장치가 부족했기 때문에 블록체인을 통해
새로운 경쟁력을 높일 수 있다고 생각해.

현재 블록체인 활용 사례

(1) 블록체인은 오래전부터 작품에 대한 위조와 위작 시비가 많은 미술시장을 혁신할 수 있다. 블록체인 기술을 바탕으로 한 콘텐츠 공유 플랫폼을 이용하면, 창작자와 소비자 간의 직접 거래가 가능해져서 창작자의 수익이 높아진다. 그리고 블록체인 네트워크상에서 예술작품의 출처 관리와 소유권 등의 중요한 지적재산권 문제를 해결하는 데 유용한 예술 산업의 플랫폼 역할을 할 수 있다.

(2) 블록체인 기반 음원 유통 플랫폼을 이용하여, 음원 직거래를 하면 소비자는 더 저렴한 가격에 음악을 즐길 수 있고, 음악 창작자는 기존보다 더 많은 수익을 얻을 수 있다.

(3) 현재는 대부분의 사용자가 SNS에 콘텐츠를 올리는 대가로 거의 수익을 올리지 못하고 대부분 SNS플랫폼 회사들만이 큰 이익을 창출한다. 블록체인 기술을 활용한 SNS플랫폼은 콘텐츠를 업로드하는 모든 사용자들이 이익을 분배 받을 수 있다.

(4) 블록체인 기반 플랫폼에서는 다양한 주제의 콘텐츠가 광고 수익에 상관없이 이루어 질 수 있어서, 양질의 콘텐츠가 생산되고, 소비자도 자신의 취향에 콘텐츠를 저렴하게 만날 수 있으며, 비주류 문화와 실험적인 장르의 문화 콘텐츠도 소비자를 확보할 수 있다.

(5) 블록체인 게임시장은 도박앱과 금융앱이 주를 이루고 있다. 현재는 모바일 게임을 하려면 페이스북 계정으로 등록을 거쳐야 하는데, 표적 광고 때문에 로딩 시간이 느려지고 페이스북이 데이터를 수집하고 있다. 블록체인은 익명성이 있고 중개자가 필요 없기 때문에, 사용자들 간은 즉각적인 협업이 가능할 뿐만 아니라, "레벨 상승"이라는 보상도 즉시 얻을 수 있다.

(6) 블록체인 게임에 AR과 VR을 포함시킬 수 있다. 미래의 게이머들은 아주 흥미롭고 새로운 경험을 할 수 있다. 크립토키티(CryptoKitties)는 실제로는 암호화페인 (가상의) 고양이를 사서, 키우고, 거래하는 것이다. 자기 컬렉션을 키우고 싶은 게이머들은 서로 이 블록체인 키티를 교환할 수도 있다.

물류, 유통, 제조 분야에서
블록체인 기술이 경쟁력이 있을까?

**생산자, 유통자, 소비자 등
다양한 이해관계자들이 엮어 있는 생태계 구조의 유통망에 대한
신뢰성 문제를 블록체인을 사용해서 해결**할 수 있어.

데이터의 무결성과 위 변조를 할 수 없는 데이터 검증 구조를 갖춘
블록체인이 가장 잘 맞는 분야야

현재 블록체인 활용 사례

(1)블록체인 기반 컨테이너 화물 추적과 관리 체계를 SKC&C는 SKT의 사물인터넷 전용망인 로라(LoRa)를 활용해서 구현했다. 화물의 위치 정보, 온도, 습도 관리와 실시간 정보를 물류 관계자들에게 공유하는 서비스다.

(2)블록체인 기술을 활용하면 통관 관련 정보를 관세청과 쇼핑몰, 특송 업체가 공유하기 때문에 실시간 수입 신고가 가능해지고 저가로 신고하는 것도 방지할 수 있다.

(3) 2019 식품안전관리인증(HACCP)을 스마트 해썹(Smart HACCP)이라는 블록체인을 이용한 서비스 플랫폼을 구축하여, 식품안전사고 대응, 기록 관리 전산화의 효율성을 높일 수 있다.

(4) 폐배터리는 가정용 및 산업용 에너지 저장 장치로 재활용이 가능하다. LG CNS는 기업용 블록체인 플랫폼 모나체인을 활용하여 폐배터리 유통 이력 관리 시스템을 제주 특별 자치도에서 시행한다. LG CNS가 구축하는 플랫폼에서 모든 전기차량의 배터리의 규격, 생산일이 제조 당시 스펙부터 입고, 검사, 출고등 모든 이력이 기록되고 이해관계자들에게 실시간 공유된다.

(5) 블록체인 기술은 농산물 유통의 안정성을 높일 수 있어 선진국에서 활발하게 접목되고 있다. 네덜란드의 슈퍼체인 알버트 하인은 오렌지가 브라질에서 네덜란드로 오기까지의 모든 정보를 블록체인 기술과 접목한 큐알(QR)코드에 담았다. 소비자는 해당 제품의 QR코드를 스캔하면 오렌지의 수학시기와 당도, 제조공정, 유통 이력을 5초 이내에 확인 할 수 있다.

(6) 블록체인 기술을 친환경농산물 인증과 유사한 블록체인 공인인증제도등을 사용할 수 있다. 이는 농산물뿐만 아니라 축산물 이력 관리 시스템에 활용할 수 있고 식재료 안전공급채널로 활용된다. 블록체인기술은 유통의 안정성을 확보해서 신뢰도를 높일 수 있다.

CLASS#4
블록체인 현재와 미래

///

00:40-00:50

CLASS#5

주식 투자 VS 암호화폐 투자

///////////////////////////////////////

암호화폐 투자가
현재 한국에서는 불법임에도 불구하고
왜 사람들은 여전히 투자와 거래를 할까?

TOPIC
주식투자와 암호화폐 투자의 차이점을 알아보자.

WORDS
비트코인, 알트코인, 스테이블코인, 거래소, 토큰이코노미, 가치평가

CLASS#5 / 주식 투자 VS 암호화폐 투자

암호화폐 투자와 주식투자의 가장 큰 차이점이 뭐야?

주식투자는
주식시장에 상장된 기업의 미래가치에 투자하는 방법이야.

하지만, 암호화폐는
아직 많은 사람이 암호화폐의 가치에 대한 투자가 아니라,
단기적인 시세차익을 기대하면서 투자하는 경우가 많아.

주식하는 사람들도
단기투자는 돈을 잃기 쉽다고 하던데,
왜? **암호화폐는 단기투자를 많이 하지?**

여러 가지 이유가 있지만
우선, 현재 거래소에서 거래되고 있는 많은 코인이
**스타트업에서 사업 자금을 확보하기 위해서
발행한 것인 경우가 많고,**

그 기업들이 아직 확실한 실적이나
성과를 내지 못한 경우도 많기 때문이야.

CLASS#5 / 주식 투자 VS 암호화폐 투자

그러면 암호화폐가
주식보다 더 위험 한거야?

암호화폐는 등락폭이 매우 커서
갑자기 크게 올랐다가 뚝 떨어지는 경우가 많아.

20%~50% 이상을
오르락내리락하는 경우가 많아서
예측하기가 어렵고,
주식시장에서 사용하는 많은 거래 기법들이
암호화폐 거래에서는 맞지 않는 경우가 많아.

그래서 주식투자보다 더 위험하다고 하는 거지.
변동성이 너무 커서 실력으로 투자한다는 게 어려워.

그럼, 암호화폐는 가격이 떨어져서, 손실이 발생하면, 원금회복이나, 다시 수익을 낼 수 없다는 거야?

그렇지는 않아.
주식에서는 주가가 기업가치보다,
전체 시장의 영향을 더 크게 받잖아.
외부환경적 요인도 크게 작용하고.

그런데 암호화폐는 내려갔다가도
한 달에서 석 달 정도 사이에 다시 가격이 오르는 경우가 많아
좀 참고 기다리면 다시 회복할 기회가 생겨.

CLASS#5 / 주식 투자 VS 암호화폐 투자

주식보다 암호화폐가 훨씬 **투기적 성향이 큰 거** 아냐?

그렇다고 볼 수 있지.
특히 주식은 지나치게 투기를 할 수 없도록
상한선을 30%로 정해 놓았는데,

암호화폐는 상한선이 없어서
어떤 코인은 하루에 200%가량 오를 때도 있었어.
그래서 단기간에 엄청 큰돈을 벌기도 하고, 잃기도 해.

암호화폐 투자가 **주식투자보다 위험한데도 다른 장점**이 있어?

단기 투자를 하는 사람들이 좋아하는 요소로,
암호화폐 거래소는 365일 24시간 거래할 수 있다는 점이 있어.

그리고 주식은 매도한 후
영업일 기준 3일이 지나야 현금화가 가능한 데 비해
암호화폐는 팔면 바로 현금으로 찾을 수 있고.

물론 가끔 어떤 거래소는 여러 가지 이유로
현금 지급을 며칠씩 미루기도 하지만,
대부분의 거래소는 바로 은행으로 보내줘.

CLASS#5 / 주식 투자 VS 암호화폐 투자

오~. 그건 좋은 점이네.
그럼 **여유 돈으로 단기 매매**를
자주 할 수 있잖아.

빠른 현금화가 좋은 점이긴 한데,
단기 매매를 자주 하면 엄청난 **수수료**를 물어야 해.

주식은 수수료가 거의 없는 데 비해
암호화폐는 평균 수수료가 0.2% 정도 되고,
살 때, 팔 때, 그리고 현금 출금할 때도 수수료를 내야 해.

단기 매매를 많이 하면
얻은 이익이 다 수수료로 사라지는 것을 볼 수 있어.
그런데도, 암호화폐 거래를 하는 것은
단기 매매 수익률이 주식보다는 크기 때문이지.

주식투자 보다 암호화폐 투자하는 것이
위험이 크지만, 관심있는 사람들이
많은 것 같은데,
어디서 어떻게 시작할 수 있어?

주식 거래해 본 적 있어? 없어도 괜찮아.
주식거래를 하려면 은행과 증권거래소에서
입출금이 가능한 통장을 만들지?

암호화폐 거래를 하려면
먼저 한국 내 거래소 중 믿음이 가는 곳을 선정하고
그 거래소가 지정한 은행 계좌를 통해 거래소에 돈을 이체하는 거야.
그리고 이체된 돈이 거래소에서 확인이 되면,
입금된 현금으로 원하는 코인을 사면 돼.

한국의 거래소 중에서 빗썸, 코인원, 업비트,
코빗, 고팍스 등에 사람들이 많아.

CLASS#5 / 주식 투자 VS 암호화폐 투자

한국 내 거래소만 거래할 수 있어?

아니야,
최근에 많은 사람들이
바이낸스처럼 세계적인 거래소를 많이 이용하곤 해.

원화로 비트코인을 사서 해외 거래소에 송금하면,
그 거래소에서는 비트코인으로 다른 알트코인도 살 수 있어.

그리고 최근에는 스테이블 코인이라고 부르는
달러와 1대1로 교환 가능한 코인도 있어서,
암호화폐 거래가 비교적 다양하고 편리해졌어.

 스테이블코인 이라고?
그건 어떻게 달러와 1대1로 교환할 수 있지?

스테이블코인으로 대표적인 테더 코인은
달러와 1대1 고정 비율 교환을 원칙으로 만든 코인으로,

암호화폐 가격이 급등락해도
언제나 1달러의 가치를 보장해 주는 코인이야.

테더의 거래량이 높은 이유도
암호화폐 투자자들이 암호화폐 거래소에서
테더를 달러처럼 사용할 수 있어서야.

CLASS#5 / 주식 투자 VS 암호화폐 투자

그럼 암호화폐는
비트코인, 알트코인 그리고 스테이블코인
이렇게 3종류가 있는 거야?

많이 알고 있는 코인들 이외에도
다양한 형태와 기능의 코인들이 있어,
단지 지금 거래소에서 거래되고 있는
코인의 수가 수백 개가 넘는 것 같아.

비트코인은 발행량이 정해져 있어서
외환시장에서 기축통화로 달러를 기준으로 하는 것처럼
코인 거래소에서는 비트코인을 기축통화로 사용하기도 하고,
테더 같은 스테이블 코인을 기축 통화처럼 사용하기도 해.

그럼 거래소에 있는 모든 코인은
다 **안전한 코인**이야?

코인 거래소에 있다고 해서
그렇게 믿을 수는 없어.

그러니까 **코인을 사기 전에**
코인의 정보를 잘 알아보는 것이 좋을 거야.

일반적으로 주식의 우량주처럼,
비트코인, 이더리움 등 거래량도 많고,
잘 알려진 코인은 비교적 안전해.

CLASS#5 / 주식 투자 VS 암호화폐 투자

그러면 사람들은 위험한 알트코인을
왜 거래해? 투기아냐?

투기하고 크게 다르진 않아.
어떤 특별한 이슈가 없어도
갑자기 가격이 폭등하거나 폭락하기도 하거든.

스타트업 회사가 코인을 발행해서 초기 사업자금을 모으는 것이 ICO라고 했는데, 요즘 신문에서 **IEO와 STO**라는 말도 보이던데 어떻게 다른 거야?

**ICO는 Initial Coin Offering의 준말이야.
초기암호화폐 공개란 뜻**이지.
어떤 제품이나 기술이 나오기 전에 사업 자본을 모으기 위해서,
코인(암호화폐)을 먼저 발행하고, 지분에 해당하는 코인을 판매하는 거야.

**IEO는 Initial Exchange Offering이라고 하는데, ICO와 다른 점은
코인 개발사와 거래소가 협업해서 암호화폐를 판매**한다는 거야.
거래소가 별도의 기준을 가지고 심사를 거쳐서 IEO를 진행하니까
투자자들은 리스크를 조금 줄일 수 있어 믿음이 가지.

그래서 한동안 IEO를 하면 많은 사람이 투자하고,
코인 가격도 급등하기도 해서 IEO를 한 코인들이 인기가 많았던 적이 있는데,
지금은 IEO를 한 코인들에 대한 신뢰도 많이 떨어졌어.

CLASS#5 / 주식 투자 VS 암호화폐 투자

그럼 STO는 조금 더 안전하고 투자하기 좋은 코인인거야?

STO는 Security Token Offering의 약자야.
사실 ICO,와 IEO는 코인을 사더라도 그 돈이 법적으로는
기부형태로 투자금에 대한 아무런 권리가 없었거든.
그래서 먹튀라는 말도 나온 것이고,
코인을 발행한 스타트업은 프로젝트를 실행하지 않아도
법적 처벌을 받지 않았어.

그런데 주식과 비슷한 형태의 STO는
암호화폐 발행사의 지분이 포함되어 있어.
주식과 비슷하니까 STO는 실물 자산,
즉 회사, 부동산, 채권 등의 형태를 보유해야만
STO를 진행할 수 있어서 증권형 토큰이라고 불려.
아직 우리나라, 한국에서는 STO가 허용되지 않고 있어.

중국이 블록체인을 통해
디지털 경제를 개발하고,
국가에서 코인도 발행한다고 했는데
디지털경제가 뭐야?

중국은
국가가 본격적으로 블록체인 기술을 적용한
디지털 금융, 디지털 자산 거래, 그리고 중국 중앙은행이
암호화폐를 발행하겠다는 전략을 발표하고 실행하고 있어.

중국 중앙은행이 발행하는 CBDC(중앙 은행 디지털 화폐)는
기업의 스테이블 코인과 네트워크 토큰이 결합한 형태인데,
거래소에는 상장되지 않지만, 그 가치를 중앙은행에서
보장하고 있어서 기업 사이의 거래에 사용하고 있어.

CLASS#5 / 주식 투자 VS 암호화폐 투자

어려운데...
그럼 **디지털 경제, 디지털 자산은 뭔데?**

암호화폐에 대한 부정적인 이미지가 많아서,
미국증권거래위원회 등에서 최근에는 **암호화폐** 라는 용어 대신,
디지털 자산이라는 말을 사용하기로 했어.

또한, **토큰 이코노미 또는 디지털 경제라는 말로**
암호화폐를 거래하고, 사용하는 모든 행위를 포함하여 말하고 있지.

 정말로 **암호화폐**가 **새로운 기축통화가 될 가능성**이 있는 거야?

그렇게 될 가능성이 크다고 점치고 있어.

페이스북은

자체 암호화폐 리브라를

발행한다고 하고,

스위스는

금융당국 승인을 거쳐

암호화폐 은행 세바를 만들었고,

CLASS#5 / 주식 투자 VS 암호화폐 투자

미국도
뉴욕 금융서비스 인가를 받아
암호화폐 수탁 서비스를 하고 있어.

가까운 일본도 금융청 인가를 받아
암호화폐 거래소 라쿠텐월렛을 운영하고 있어.

많은 나라에서
디지털경제를 운영하고 있는 거지.

CLASS#5
주식 투자 VS 암호화폐 투자

//

부록

우리가 무엇을 준비해야
원하는 삶을 살 수 있을까?

비즈니스 모델 사례

블록체인 인턴

대부분의 회사가 블록체인 분산원장 솔루션의 테스트 단계에 있기 때문에 초급 수준의 직위를 가진 사람에게는 블록체인 기술을 개념 증명할 수 있는 업무가 많다고 합니다.

부록 / 비즈니스 모델 사례

블록체인 프로젝트 매니저

 블록체인 프로젝트 매니저는 블록체인 프로젝트의 실행을 계획하고 감독하는 일을 합니다.
기업은 비즈니스 프로세스에 최적화된 블록체인 솔루션을 개발하는데 관심이 있습니다.
즉 기업은 솔루션 개발을 위한 요구 사항을 블록체인 개발사에 제대로 전달하고 소통하는 것이 중요한데, 이런 역할을 블록체인 매니저가 담당합니다.

블록체인 개발자

　블록체인 개발자는 현재 이 업계에서 가장 핫한 직업으로 향후 아주 좋은 경력이 될 것이라고 해요.
　미국에서는 정부기관과 기업들이 블록체인을 활용해 고객에게 더 나은 서비스를 제공하고 사업의 효율성을 높일 수 있는 방법을 끊임없이 모색하고 있는데, 그것을 구현해내는 사람을 블록체인 개발자라고 합니다.

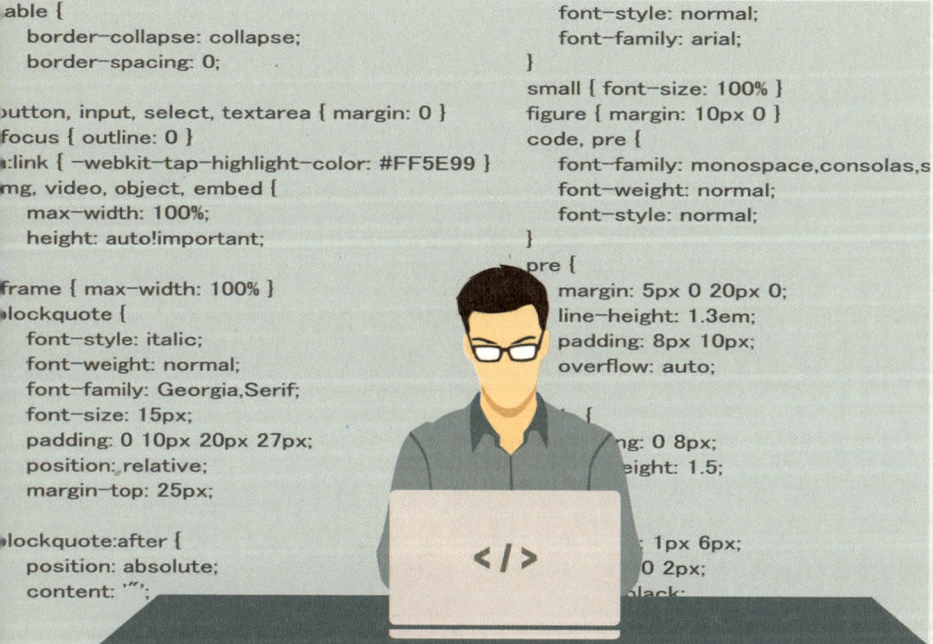

부록 / 비즈니스 모델 사례

블록체인 품질 엔지니어

　블록체인 품질 엔지니어는 블록체인 개발의 품질을 책임지는 역할을 합니다.
즉 자동화 프레임워크 및 테스트, 매뉴얼 테스팅 및 대시보드 등이 모바일, 웹, 플랫폼에서 기능상에 문제가 없는지 알아보고 동작의 특성 등을 파악합니다.

블록체인 법률 컨설턴트 및 변호사

 블록체인을 이용한 새로운 비즈니스가 계속 개발되고 그 범위가 확대되면서 기업들의 법률 자문도 증가하겠죠.
주로 기술 관련 변화들이 블록체인 법률 자문 역할을 하고 있습니다.
블록체인 기술 구현의 법적 측면에 대한 컨설팅, 토큰 판매에 필요한 법률 문서 작성 등 다양한 법률 검토가 필요하다고 합니다.

부록 / 비즈니스 모델 사례

블록체인 웹 디자이너

　블록체인기술을 활용하는 업체는 고객에게 자신들이 블록체인 공간에서 무엇을 제공하는지 웹사이트에 알릴 필요가 있겠죠.
이때 복잡한 내용을 고객이 이해하기 쉽게 만드는 것이 웹 디자이너의 역할이에요.
즉, 블록체인을 기반으로 구축된 서비스 또는 제품의 추상적 복잡성을 배경지식이나 광범위한 설명 없이 직관적으로 이해할 수 있도록 UI를 만드는 것이 핵심입니다.

블록체인 엔지니어

앞서 언급한 블록체인 개발자와 엔지니어를 혼용해서 쓰기도 하는데, 굳이 구별을 하자면 엔지니어가 더 포괄적인 의미라고 합니다.
개발자의 주요 업무가 설계, 코딩, 프로젝트 관리 등이라면, 엔지니어의 업무는 설계, 개발, 유지 보수, 테스트, 평가, 교육 등 그 범위가 보다 포괄적이라고 합니다.

특정 블록체인 툴에 대한 높은 수준의 기술을 갖춰야 하는데, Java, Hyperledger Fabric, Ripple, Solidiy, Oracle Ideniy 및 dorpm 관리 솔루션에 능숙해야 한다고 합니다.

펴낸날 초판 1쇄 2020년 3월

글쓴이 박경희

기획 박경희 박한진 손인균 최영길

펴낸곳 스타일라이프 출판사

편집 & 디자인 화양연화 출판사 김보령

ISBN 979-11-87309-33-8 [03560]

도서정가 12,000원

잘못 만들어진 책은 구입한 서점에서 교환해 드립니다.
저작권자와 출판사의 허락없이 책의 전부 또는 일부 내용을 사용할 수 없습니다.

이 도서의 국립중앙도서관 출판예정도서목록(CIP)은
서지정보유통지원시스템 홈페이지(http://seoji.nl.go.kr)와
국가자료종합목록 구축시스템(http://kolis-net.nl.go.kr)에서
이용하실 수 있습니다. (CIP제어번호 : CIP2020010127)